I0787164

# #chassealhomme
*Française, Français*

Néandertal

# #chassealhomme
*Française, Français*

Éditions des Sans-voix

ISBN : 978-1-72-395005-6
© Éditions des Sans-voix, septembre 2018

# #chassealhomme
## *Françaises, Français*

## par Néandertal

*Préambule*

*Toute personne qui a croisé un jour la route d'une victime d'agression sexuelle a été confronté à sa douleur, sa sidération, sa dévastation parfois, sa colère ou sa tristesse, son mutisme, son dégoût d'elle-même et ou des autres, sa peur, sa difficulté plus ou moins grande à s'en sortir et parfois n'y arrivant pas, parfois y arrivant. Sauf à manquer totalement d'humanité, personne ne peut rester indifférent et ne peut qu'avoir tout à la fois un minimum de compassion pour la victime et la volonté farouche que son agresseur soit condamné, et ce sans remords. Toute personne ne peut que souhaiter, non d'éradiquer les agressions comme le promettent des politiques qu'il n'y aura plus jamais de sans abris dans la rue, mais de tout mettre en œuvre pour en diminuer de façon drastique le nombre par tous les moyens les plus efficaces qui soient, et d'aider au mieux les victimes. Personne, personne ne peut rester indifférent à la victime dans son individualité, et dans la somme des individualités meurtries et c'est avec tout ceci constamment à l'esprit que ce livre a été écrit. On se doit, aussi, absolument de regarder la société française telle qu'elle est pour être le plus efficient possible, car à mauvais diagnostic, mauvaise solution, et non de la présenter sous le pinceau modernisé de Jérome Bosch.*

*L'auteur de ce livre est du côté des victimes et non des agresseurs qu'il exècre.*

neandertal@gmx.fr


Écrire un tel texte est périlleux, non que l'on risque les foudres des Saints Laïcs de la bonne cause - risques inévitables et assumés - il est périlleux tant il y a des pièges tendus par la nature même du sujet, par la dialectique des idéologues et dogmatiques et par la volonté ni de se laisser aller à un penchant infantile ni de laisser des faits occultés sous prétexte d'éviter ce penchant infantile.

Les dogmatiques, les idéologues se trouvent dans tous les camps et sont reconnaissables à ce qu'ils sont insensibles tant à la raison qu'aux faits. Être idéologue ne veut dire ni être inculte, ni imbécile, parfois au contraire la culture, la ruse sont mises à contribution. Souvent même les slogans remplacent la réflexion et les fausses évidences éblouissent. Ajoutez à cela qu'ils se servent de votre profonde capacité à vous émouvoir et à vous révolter contre l'injustice, et vous saurez pourquoi leur influence est puissante. Avec les faits, trompeurs, ils sont exactement comme ceux qui vont vous dire que c'est le soleil qui tourne autour de la terre, et non l'inverse, car c'est ce que vous pouvez constater. Ces idéologues, ces dogmatiques vous présentent une partie du monde partielle et partiale comme le monde dans sa globalité, ils lui appliquent ensuite une théorie vérifiée selon leurs propres critères - en quelque sorte de la tautologie - et proposent des solutions frelatées par la fausse présentation des faits et par la vue dogmatique qu'ils ont de la vie et des réalités. Vous aurez remarqué que, dès le début, je vais être catalogué, car foin d'écriture inclusive (excluante) j'ai osé le « ils » pour les englober tous ( ! ) femmes et hommes (prédominance alphabétique).

La réflexion globale de cet essai va plus loin, de fait, que ce simple féminisme outré qui se propage comme une traînée de poudre. Il s'agit de regarder ce qui se passe dans notre société française, ou occidentale, ou notre civilisation selon le degré que l'on y trouve quand elle a tendance, au lieu de s'améliorer, à s'autodétruire. Comme un organisme vivant, les sociétés sécrètent des anticorps afin de lutter contre les maux pernicieux qui les accablent soit d'elles-mêmes soit de l'extérieur. Cependant quand ces anticorps ne reconnaissent plus rien et s'attaquent à tout, la défense légitime se transforme en maladie auto-immune qui détruit l'organisme qui le nourrit. Il me semble, qu'avec cette affaire de féminisme outrée on en arrive à ce point dangereux.

Avant tout chose, il faut mettre les choses au point. Et les écrire, bien que cela ne fera aucune différence pour les dogmatiques qui se moquent de la vérité et de la réalité comme de leurs premières dent de lait - sauf si ces idéologues ont des souvenirs émus de la petite souris qui déposait une pièce sous leur oreiller la nuit, et récupérait la dent reposant sur du coton hydrophile dans une boite d'allumettes. Pour que tout soit clair il est insupportable qu'une femme soit agressée, qu'il ne peut y avoir de tolérance et que la réaction doit être à la hauteur de la faute. Il est intolérable que des femmes subissent les coups de certains hommes. Aucun doute, aucune tolérance, aucune pitié.

Afin, aussi de savoir de qui l'on parle, les personnes qui sont ici mises en cause par leur raisonnement erroné, par une vue déformée et mensongère de la France, elles seront nommées par les initiales FIDs pour Féministes Idéologues Dogmatiques, le s pour le pluriel mais pouvant aussi dire sectaires car se croyant investies d'une mission agressive étant dans le camp du bien absolu, sûres d'elles-mêmes, de posséder la vérité révélée et s'attaquant sans cesse à toute personne ne pensant pas comme elles avec une violence inouïe et un sectarisme à faire peur. Comme notre langue nous y autorise, ces FIDs seront aussi désignés par le « ils » représentant ici la sommation de féminin et de masculin, dans une forme héritée du neutre et non du masculin. On y reviendra.

Les FIDs ont pour habitude de déformer les faits, d'utiliser des chiffres bruts afin d'appuyer leurs théories, de voir le monde en généralisant des parties de celui-ci, soit en mentant volontairement, soit aveuglés par leur idéologie et leur dogmatisme. Ils se servent d'exemples pour culpabiliser faisant croire que le monde est à l'image de ces exemples. Leur statistiques sont parcellaires, biaisées et sorties de l'ensemble de ce qui fait un pays. Dans leur combat où une base est justifiée, la majorité est corrompue. Souvent, aussi, ils utilisent la faute la plus lourde pour l'amalgamer aux plus vénielles comme si le tout était identique et comme si, de plus, c'était l'ensemble de la société qui en était le reflet et la totalité des hommes. Tout cela est faux et dangereux. Les FIDs ont beaucoup de complices par lâcheté, par un souci délétère de se trouver dans ce camp du bien dénonciateur du démon masculin, par peur de représailles. Imaginez un peu ce slogan : « la peur doit changer de camp ». Il est vrai quand il s'adresse à une minorité agissant, il est faux quand il est énoncé pour tous sans précaution.

L'objet de ce texte est donc d'y voir un peu plus clair et de vérifier si notre monde, notre France, notre société, notre civilisation est phallocrate, machiste, est à l'origine, pour le maintien, le développement ou la protection de la culture du viol. On peut aussi supposer que dans ce monde-là le chrétien blanc est la cible privilégiée.

On va découvrir, tout au long de cette réflexion combien tout cela est faux et dangereux, dangereux pour la vie en société, pour les femmes et pour les hommes. J'arrête tout de suite nos FIDs et leurs complices, car on connaît leurs arguments : je suis en train d'accepter la culture du viol et le droit à l'agression des femmes sous prétexte que j'en nierai la réalité. Stop. Passez votre chemin. Je ne vais aucunement nier ni les agressions, ni leur ampleur, ni les traumatismes associés mais je vais remettre à leur place, leur importance dans la société. Mais c'est bien leur technique de prendre un des éléments d'un discours, oubliant le reste, pour s'en servir pour vous détruire. Ces techniques datent de Trotsky et sont connues. Elles sont le summum de la communication destructrice, de l'attaque politique et n'ont rien à voir avec la vérité. Dans ces techniques abouties il ne s'agit pas seulement de prendre un bout de discours, mais tout également de le déformer et de le ré-interpréter. Ensuite ils prendront leur interprétation personnelle pour vos affirmations et vous feront brûler sur le bûcher en alimentant avec de l'essence. Vous serez cloué au priori et présenté comme défenseur des bourreaux, bourreau vous-même par procuration, condamné sans procès et sans droit de défense, insulté bien sûr, et étant un démon noirci, plus une de vos paroles n'aura d'impact sinon totalement décrédibilisée.

Il suffit de lire la contrattaque d'une violence caractéristique de 30 femmes à la tribune *du Monde* des 100 autres dont Catherine Deneuve qui se dressaient contre ce qu'elles estimaient être une attaque agressive contre les hommes. On en reparlera avec des exemples concrets de commentaires qui font peur.

Nous parlons de chiffres, car il faut bien en parler. Pour cela il y a une difficulté, celle du risque de tomber dans le relativisme et, par glissement, dans l'excuse ou la compréhension, ou bien dans la dévalorisation des faits, sa minimisation. Bien évidemment, ce n'est pas cela. L'objectif est de connaître la cause et la part de responsabilité de chacun, de tous et de l'ensemble.

Lorsque l'on pousse sa réflexion on ne peut que se demander si les FIDs sont incultes, ou malhonnêtes, ou aveuglés. Dans leur combat, on a l'impression que tout serait sous-tendu par une haine ancienne et profonde et non par la seule volonté de justice. Leur rapport avec l'histoire, la géographie, la politique, les faits en somme est étrangement distendu. L'utilisation de chiffres bruts, l'histoire qui s'arrête à certaines périodes sans ni remonter plus loin ni être plus proche, la géographie qui est très rétrécie. A cette méconnaissance ou ces mensonges volontaires s'ajoutent des raisonnements binaires qui vous condamnent quelque soit l'issue. Vous savez c'est le fameux : pile tu perds, face je gagne. Prenons l'exemple suivant : un homme passe devant un femme en la bousculant, il est une brute ou un goujat, il lui tient la porte : il la soumet à sa galanterie il la considère comme inférieure. Il est perdant. S'il est attentionné c'est qu'il attend quelque chose, s'il ne l'est pas il est méprisant. La plupart des raisonnements et assertions des FIDs se résument à ça : une hypothèse ou son alternative, les deux vous condamnant sans retour. La vie est bien évidemment tout autre, il n'y a pas que deux voies, mais parfois une dizaine. Ceci s'appelle aussi la rhétorique. Les FIDs se servent d'un monde vu par leur déformation idéologique et vous enferment dans un système de propositions où vous n'avez aucune chance de sortir vainqueur. C'est pour cela qu'il faut rendre au monde réel sa place sans en ignorer les horreurs, mais sans non plus le montrer comme s'il n'était que l'horreur.

Nous pourrions commencer par l'histoire ubuesque de l'écriture inclusive et de notre langue qui serait machiste, affirmation soutenue par ces FIDs et quelques complices prenant un fait réel pour la totalité de la langue. Il y a dans cette affaire une méconnaissance totale de l'origine de la langue, notre langue d'où le neutre a disparu. Il y a aussi ce mélange absurde de féminin grammatical ou masculin grammatical avec le genre physiologique. C'est aberrant à en tomber par terre. Est-il besoin de développer qu'une chaise n'a pas de paire de chromosomes XX et qu'un tabouret (inférieur à la chaise quoi que masculin, hein ?) n'a pas de chromosomes XY ? Dans notre langue française, de fait c'est le féminin qui est supérieur au masculin car c'est le e, qui fait que c'est féminin, qui est marqué. C'est un fait linguistique. Le seul point, faussé, qui donne la prééminence erronée du masculin tient au pluriel quand il y a des sujets masculins et féminins. Mais en fait, il s'agit d'une terminaison neutre, non marquée hors le pluriel, qui symbolise le féminin et le masculin avec la _forme_ du masculin. L'écriture inclusive, outre le fait qu'elle rend très complexe son application, voit contredire sa volonté d'égalité par exemple quand elle veut imposer l'ordre alphabétique (ce qui est une sorte de dictature intellectuelle si on veut mettre un ordre particulier par souci esthétique ou de compréhension, et c'est d'une absurdité totale quand il s'agit d'une énumération poétique de choses donc sans rapport avec le sexe ou le genre humain) et qu'en même temps rétablir le pluriel de proximité. Femme étant avant homme, l'accord se fera au masculin après un verbe d'état ou un adjectif post posé. Et imaginez ce qui se passe avec les prénoms. De quel droit devrait-on mettre tel prénom avant tel autre (imaginez que vous vouliez décrire un ensemble de personnes entrant à la queue leu-leu dans un espace chacune désignée par son prénom. C'est l'ordre d'entrée qui va être déterminante et non l'alphabétique) ? Tout cela tient du pur amateurisme et de la réflexion minimale. Lorsque l'on s'intéresse à l'écriture on sait qu'au tout début les mots latins étaient sans séparations, sans ponctuations d'où l'expression : lire à voix haute, car seule la lecture à voix haute permettait de comprendre le sens de ce qui était écrit. C'est un moine anglo-saxon qui a introduit la séparation des mots. Ce que l'on voudrait faire avec cette écriture inclusive c'est de rendre impossible de lire les phrases et qui dit impossible de lire dit impossible de bien comprendre. Cela ajoutera, de plus, un fossé entre ceux qui auront la capacité d'interpréter la phrase et ceux qui ne l'auront pas. Ne parlons ni des dyslexiques, ni des aveugles.

À l'argument de la difficulté de lecture nos savants nous répondent qu'à l'oral on n'aura qu'à développer, ainsi Français.es se dirait Françaises, Français. Ah bon ? Mais c'est déjà le cas. Faisons donc l'inverse et écrivons Françaises, Français au lieu de Français.es. C'est plus clair et demande certes un peu plus d'effort. Il existe donc depuis tout temps, depuis sa création, en français, la possibilité, si l'on veut, de rendre parfaitement égalitaire (selon les FIDs) notre langue en modifiant la composition des phrases. Elles seront un peu plus longues, c'est tout, mais au moins compréhensibles et sans perturber qui que ce soit. Cette écriture inclusive a quelque succès car elle permet à certain.es de se prendre pour des héros (et là comment fait-on alors que héros prend un s au singulier mais qu'au féminin c'est héroïne donc impossible de caser l'écriture inclusive ? Essayez donc, cela donnerait *hérosïnes* (avec tréma) si on écrivait héros.ïnes ou alors que l'on devrait écrire *héro* au singulier si on écrivait héro.ïnes. Je propose donc des héroïnes et des héros) des temps modernes. Ces FIDs sont flattés dans leur sentiment de révolutionner le monde, de lutter comme Saint Georges contre le mal du mâle, d'appartenir au camp du bien, mais un camp devenu agressif redresseur de torts à la baïonnette. On peut prendre le pari que cela ne tiendra pas. De plus ce n'est pas comme si l'histoire n'était pas passée par là. Au Canada, ce fut le cas : un fiasco total. Un échec. Les FIDs pourront toujours dire que c'est la prégnance de la société machiste qui l'a emporté. Ce n'est que du discours. C'est surtout le bon sens qui l'a emporté contre la bêtise, le dogmatisme, le faux angélisme.

Tout en rappelant le non sens absolu d'associer dans la langue française l'attribut féminin ou masculin, attribut grammatical, au sexe, il serait bien que nos FIDs se penchent sur le vocabulaire. Voici un avalanche de mots au féminin qui démontre sans aucun ambiguïté comment le féminin inonde la langue française. Tous les mots qui suivent sont totalement essentiels et démontent cette farce totale comme quoi notre langue serait machiste. Commençons par notre République (féminin) qui a pour devise (féminin) Liberté, Egalité, Fraternité dans notre mère patrie, la nation. Ne sommes-nous pas dans une société, avec des assemblées, régie par des lois et par la justice ? Ne parle-t-on pas de civilisation, de culture, de musique, de peinture, de sculpture, d'œuvre, le tout au féminin ? Ne sommes nous, pas sur la terre, notre planète, mais aussi la terre, la mer et la montagne ? Ne dit-on pas de l'eau essentielle à la vie ? Ne donne pas naissance, et ensuite ne parle-t-on pas de renaissance ? Et ce paradoxe de féminité mais aussi de masculinité toute comme maternité mais également paternité tout au féminin ? Et la fratrie ? Que dire de la pensée, de l'intelligence, de l'idée elle-même encore tout au féminin ? Et la découverte, la recherche, la technique, l'invention, la réflexion, l'intuition, l'émulation, la concorde ? Et d'autres comme l'empathie, la sympathie, la symphonie, l'harmonie, la compassion, la générosité ? Et la beauté, l'esthétique ? Mais aussi la force, la puissance, l'ingérence ? Ne dit-on pas non plus personne même pour un homme qui devient personnalité quand la personne devient importante ? Et que dire d'icône ou idole ? Et importance, immensité, éternité ? Et la foi, l'âme, la religion, l'essence ou la quintessence ? L'imagination, la rêverie, la poésie, la réflexion, la détermination ? L'ouïe, la vue, les sensations et les émotions, la respiration ? L'action, la vie et la voix ? La langue, au féminin, avec la grammaire, l'orthographe, la phrase, la déclaration, la récitation, la parole enfin ? La compréhension ? La fidélité, la filiation, l'amitié, la promesse, la sécurité, la dextérité, l'ingéniosité ? L'union, la réunion, la collaboration ? La joie, la gaité ? La peur, la terreur ? L'entente, la sexualité ? La cordialité, la concordance, la concorde ? La paix et aussi la guerre ? La famille, la demeure, la maison, la cellule unité de vie, ou familiale ? L'unité, la mesure, la profondeur, la hauteur, l'élévation la totalité dans tous leurs sens ? La lumière, l'illumination, la contemplation, l'humanité ? Oui l'**humanité** est au féminin ? La main, celle qui bâtit et donc l'architecture ? La caresse, les ondes, l'origine, la fécondation, la révolte, la révolution, l'économie, la magie, l'invention et l'inventivité ? Sincérité, destinée, gloire, renommée, agapes, ténèbres, aube, soirée, matinée, journée, nuit, durée, délicatesse, vitalité, attention, affirmation, composition, élégance, faculté, science, université, éducation, universalité, fusion, fonction, restauration, civilisation, poétique, alimentation, irrigation, végétation, adduction, mémoire, justesse, réalité, régénération, génération, moisson, tombe, bonté, réalisation, jeunesse, vieillesse, finalité, causalité, fluidité, solidité, solidarité, splendeur, merveille, sensibilité, observation, concentration, constatation, conception, connaissance, réjouissance, tendresse, valeur et valorisation, richesse et pauvreté, fratrie, sororité, forêt, nature, faune, flore, espèce, expérience, réponse, question, interrogation, solution, bonté, chance, émancipation, libération, heure, seconde, année, saison, rédemption, méditation, maturité, abnégation, médiation, innocence, résolution, époque, relation, relativité, source, reconnaissance, réussite, étude, édification, construction, énergie, conclusion, intimité, couleur, matière, mœurs, politesse, gentillesse, lettre(s), lecture, écriture, littérature, innocence, conscience et enfin, sans arriver au bout, au pluriel et en musique (orgues) : délices et amours ?

On peut dérouler jusqu'à la nuit des temps les mots au féminin. Faites donc l'expérience d'essayer de trouver des équivalents masculins tant en synonyme qu'en qualité (féminin) et vous verrez la pauvreté de votre résultat. Je suis convaincu que l'on peut écrire une nouvelle * uniquement avec des termes féminins mais que c'est tout simplement impossible avec des seuls termes masculins.

* des éditeurs auraient décidé de lancer un défi à tout auteur ou groupe d'auteurs capables d'écrire un texte sans aucun mot ni aucune expression au masculin. Le titre en serait *Gloire à elle*.

Si j'étais un équivalent machiste actif des FIDs, je pourrais écrire que la langue française (féminin) est féministe et hystérocrate (à l'instar du terme de phallocrate).

On a aussi entendu que les insultes étaient d'ordre féminin comme *con*. Ces FIDs ont-ils jamais entendu les *têtes de nœuds*, *glands*, ou *glandeurs* ou *glandouilleurs*, autre *casse-couilles* ou *couilles molles* ? A égalité il y a aussi *con comme une bitte*. Pensons aussi à *couillon, Jean foutre, foutriquet, imbittable.* Et que dire de *trou du cul* qui ne s'adresse pas à un genre particulier, si ce n'est peut-être que cette expression est majoritairement employée pour insulter des hommes. *Peut-on ajouter : va te faire enculer* ? Si on veut se focaliser sur une partie de notre langue tout comme une partie de la société pour le gonfler comme la grenouille devant le bœuf par faire croire que la minorité est le tout, on le peut.

Et pour terminer, à nos amis linguistes qui vont peut-être nous expliquer pourquoi la société grande bretonne plutôt peu féministe a une langue où il n'y a ni féminin, ni pluriel pour les adjectifs et que cette langue va assez loin puisque lorsque c'est une femme qui est considérée, c'est *her* qui est employé et *his* pour un homme, distinguant par là l'origine. Est-ce que cette féminisante particularité grammaticale rend la société moins machiste ?

Nous arrivons dans le dur, ce qui peut initier des hurlements et des anathèmes. La maladie auto-immune qui ronge notre société vient d'un trafic des faits, de la mise en exergue, par des procédés déloyaux, de faits tragiques, mais minoritaires comme si c'était le fait unanime et quotidien de victimes et les seules. Toujours le même danger de toute tentative de mettre leur chose à leur place et de prêter le flanc à ces FIDs qui vont déformer vos propos pour assouvir leur colère. Dans ce combat, s'y insère un combat médiatique qui est d'avance gagné par les FIDs car se présentant comme le bien absolu, la vérité, ces FIDs créent un sorte de terrorisme intellectuel qui diminue toute volonté de s'opposer. Si vous sortez quelques chiffres qui ont leur importance, on va vous assommer à grand coup de culpabilisation vous accusant de nier la réalité douloureuse des femmes battues, violées, harcelées ou même assassinées. Non. Ces faits sont réels, non niés. Et condamnés sans concession.

En France en 2016 on a déclaré qu'il y avait eu 123 femmes tuées par leur époux, ancien amant ou compagnon. C'est 123 de trop. Dans le même temps, ce dont on ne parle que peu ce sont 34 hommes tués dans des conditions similaires. Lit-on une tribune pour dire : stop au massacre des hommes par les femmes, en généralisant des faits minoritaires comme étant la réalité de toutes les femmes et de tous les hommes ? Surtout, il faut se rapprocher d'un autre chiffre tout aussi terrifiant. On estime qu'il y aurait entre 300 et 400 enfants morts sous les coups de leurs parents. Les chiffres de ces infanticides sont totalement sous-estimés selon les spécialistes. Il y a plusieurs raisons à cela. Une est que certains enfants sont tués avant même d'être déclarés, d'autres sont des enfants disparus donc non visibles, il y a aussi que les autopsies ne sont pas fréquentes. La mort subite du nourrisson, bien connue, peut cacher un infanticide. Voici un extrait de *20 Minutes* qui donne la parole à deux spécialistes :

*Directrice de recherche à l'Inserm et spécialiste de la maltraitance des enfants, la pédiatre Anne Tursz a consacré cinq années à étudier le phénomène en se concentrant sur trois régions (Ile-de-France, Bretagne et Nord-Pas-de-Calais). «En extrapolant les résultats à la France entière, **j'ai trouvé les cas de 255 infanticides d'enfants de moins de un an par an**. Et encore, je n'ai pas comptabilisé dans cette étude les néonaticides (enfants tués avant d'être déclarés). Mais j'en avais repéré 29 par an», confie-t-elle à 20 Minutes.*

*Il s'agit ici de statistiques concernant les enfants tués avant d'atteindre l'âge de un an. D'un point de vue pénal, peut-être considéré comme un meurtrier d'enfant toute personne qui tue un mineur de moins de quinze ans. «Si l'on prend cet âge comme référence, on arrive au chiffre de 400 à 800 morts par an, explique Gérard Lopez, président de l'Institut de victimologie. Cela fait plus de deux enfants chaque jour!»*

Enfin une statistique terrible qui ne va pas faire plaisir aux FIDs et qui devrait faire réfléchir : **70 % des condamnés pour infanticides sont des femmes**. Que fait-on de ces chiffres ? A l'instar des FIDs, doit-on dire que les femmes sont des tueuses d'enfants ?

Ces victimes qui ne peuvent se défendre elle-mêmes dans la presse, trouvent infiniment moins de porte-paroles que pour les femmes tuées. Et pourtant les enfants par définitions sont encore plus faibles que les femmes. *Libération* a eu l'idée de rendre plus proches de nous ces femmes en faisant une recherche de celles qui furent tuées en mettant leur prénom, leur âge et les circonstances de leur mort. Ce journal, l'a-t-il fait ou le fera-t-il pour ces enfants dont le nombre d'assassinats est entre deux ou trois celui des femmes ? Il n'y a aucun silence concernant les femmes tuées, il y a des campagnes nationales, internationales. Pourquoi ce grand silence pour les enfants ?

Puisque l'on parle d'infanticide, voici une information que je vous livre brute et à laquelle je vous demande de réfléchir et d'en tirer vous-mêmes les conclusions. Début juillet 2018 une femme a été libérée. Lors de son procès le procureur avait réclamé dix-huit ans de prison, elle fut condamnée à neuf et n'en a fait que trois, libérée pour bonne conduite avec obligation de soins, de ne pas contacter la presse et de ne pas retourner dans son village. Ses filles sont venues la chercher à la sortie de la prison. Quel fut son crime ? Dans les années 1990 elle a tué huit de ses nouveaux nés. Huit, les uns après les autres, année après année. Elle a d'abord justifié son geste car elle subissait l'inceste de son père. Révélation faite alors que son père était mort depuis 3 ans. Par la suite elle a nié cette affirmation. Son avocat a expliqué que ces assassinats répétitifs avaient pour cause l'accouchement de sa première fille, en 1987, et l'humiliation infligée par une sage-femme en raison de son obésité. Concluez par vous-mêmes.

Gilles Lazimi (Médecin généraliste du centre municipal de santé, responsable des actions prévention santé de la ville de Romainville en Seine-Saint-Denis, maître de conférences en médecine générale à l'Université Pierre et Marie Curie, membre du Haut conseil à l'égalité entre les femmes et les hommes) conteste les chiffres de deux enfants morts chaque jour. Comme il n'y a pas de statistiques en France il extrapole avec celles du Royaume Uni ce qui donnerait 250 par an chez nous, soit deux tous les trois jours (le double donc de femmes tuées). Cependant lorsque l'on revient à ce qui est écrit plus haut, une femme a pu assassiner huit nourrissons avant d'être arrêtée, ce qui implique que jusqu'à ce qu'elle soit découverte il y avait huit nourrissons hors statistiques. Des morts fantômes donc. Ceci implique que même les statistiques anglaises peuvent passer à côté des nourrissons morts sans avoir été déclarés, ou en sous-estimer le nombre. Si c'est au minimum 250 par an, on se rend bien compte qu'en France, le pouvoir, les journalistes en font infiniment pour ces enfants moins que pour ces femmes (souvenez-vous de gros titres vouant aux gémonies un homme politique anglais juste pour avoir mis la main sur un genou). Et si ce sont deux par jours, c'est encore pire. L'été 2018 deux semaine successives deux femmes ont tué leurs enfants, une a assassiné ses deux filles de moins de 8 ans en les empoisonnant avec du white spirit. Quel fut l'écho ? Un entrefilet alors que dans le même temps on eu droit à une déferlante qui dure contre celui que madame Schiappa a accusé d'assassinat. Une déferlante, des jours,des semaines, des mois pour une mort violente d'une femme et un entrefilet pour deux petites filles assassinée de façon épouvantable avec du white spirit, vite oubliées ces deux petites filles. Jugez par vous-même.


Pourquoi faut-il rapprocher ces chiffres ? Tout simplement pour arriver à une conclusion qui se révèlera d'elle-même : c'est que la violence existe (ce qui n'est pas une excuse) et qu'elle s'exerce par le fort au détriment du faible.

Lorsque les FIDs font l'amalgame et se servent des chiffres pour faire croire à la population qu'en fait les femmes (en général) sont victimes (et présentées comme quasi les seules) des hommes dans leur globalité est un mensonge qui ne résiste pas à la vérité des faits. Il y a peut-être 800 crimes par an en France. Soit 5 ou 6 fois le nombre de femmes tuées. Pour comprendre, il suffit de regarder le taux de morts causées volontairement en France : 1,2 pour 100 000 et ce que représentent 123 : moins de 0,2 pour 100 000. Si nous divisons le premier par deux (50 % de femmes) ce taux est de 0,6 pour 100 000. Il faut regarder ces chiffres avec sérénité (non car on serait serein devant les meurtres ou assassinats de femmes, mais pour en déterminer les causes et les comparer aux causes générales). Les FIDs voudraient donc que, par un miracle obscur, il n'y ait aucun crime contre elles. De fait seuls les hommes devraient s'entretuer. Le terme « devoir » est pris au sens non d'obligation mais d'hypothèse. Il y a des femmes qui sont tuées non parce que la société pousse les hommes à les tuer mais parce que la société a en son sein des personnes violentes, celles qui volent des vies, torturent, blessent, anéantissent les autres soit par méchanceté intrinsèque soit parce que ces personnes possèdent une supériorité de puissance : les forts sans retenue usent de leur puissance sur les faibles. Que ces faibles soient des femmes, des enfants ou d'autres hommes. S'il y a moins d'hommes tués par des femmes que de femmes tuées par des hommes c'est que - là aussi attention parler d'un fait n'est pas émettre un jugement de valeur - les hommes sont en moyenne, physiologiquement et structurellement plus forts que ne le sont les femmes. Cependant quand une femme domine un homme, elle peut l'humilier, lui faire vivre un enfer et le tuer.

La société française n'engendre pas par son existence la culture du viol, la domination de la femme par l'homme. Dans cette accusation, qui a des fondements historiques, n'est plus d'actualité. On ne peut qu'être estomaqué de savoir qu'il y a moins de 70 ans les femmes n'avaient pas le droit de vote, que dans certains domaines de la vie elles étaient considérées comme légalement mineures et devant l'autorisation de leur mari. C'est un fait. Mais nous parlons de 2018. En gros notre société est accusée de nombreux maux avec comme insulte suprême d'être occidentale. Comme la connaissance de l'histoire ne semble pas le fort des FIDs, il faudrait leur rappeler un peu l'origine des faits. Notre civilisation, ou société, où la religion chrétienne a eu une influence importante et est montrée comme l'origine de tous les maux. Sans doute faut-il rappeler qu'il y a une différence fondamentale entre l'église et les Évangiles. Souvenez-vous qu'à propos des femmes, les Évangiles font la part belle à Marie, mais aussi Marie-Madeleine, une courtisane,  que Jésus a empêché une lapidation en disant *que celui qui n'a jamais péché lui jette la première pierre*. Rappelons que la lapidation existe toujours dans la Charia. Que dans la Charia, la femme est mineure. Si donc les FIDs connaissaient leur histoire, alors on n'aurait pas besoin de leur expliquer que l'origine de la chrétienté n'est pas occidentale mais orientale. Que Jésus est un sémite, un palestinien, né juif. Ainsi en est-il que le monde chrétien occidental est d'origine oriental. C'est un choc, je sais. Mais pour les FIDs, l'histoire se découpe en tranches dont on ne prend que ce qui arrange comme l'inquisition, ou l'esclavage oubliant parfaitement que ce n'est pas l'Occident qui a inventé ni les guerres, ni l'esclavage, ni les razzias, ni les enlèvements contre rançon, ni les rapts, ni les viols. Faut-Il aussi rappeler ce que furent les hordes de Huns ou Attila, ou Ivan le redoutable ou bien le célèbre conte de Dracula qui ont fait couler des fleuves de sang, tous ces furieux orientaux. A l'ouest ce ne fut pas mal non plus, mais non les seuls comme présenté par les FIDs & Cie.

La culture du viol est une invention des FIDs. Notre pays en est exempt, ce qui ne veut pas dire qu'il n'y a pas en son sein des violeurs et des hommes complices (et des femmes aussi). Croyez-vous que, par exemple, le fait qu'aux

USA un condamné pour agression sexuel a pour obligation de s'inscrire auprès des autorités s'il déménage, que son nom, son adresse et sa photo sont libres d'accès par Internet à la population afin qu'elle soit avertie, est un système qui favorise le viol ? Les FIDs ont-ils jamais vu les feuilletons policiers innombrables, lu les livres innombrables écrits tant par des femmes que par des hommes, où le pire criminel est justement un violeur ? Une société qui ne cesse de faire des lois, ne cesse d'avertir, de créer des refuges, d'offrir des numéros d'appel gratuit, a en son sein de multiples associations serait donc une société de la culture du viol ? Cela voudrait dire que cette société par ses lois, par son enseignement, pas ses informations autorise, aide, protège le viol. Cette culture du viol est une invention des extrémistes de la fausse cause de défense des femmes. Une journaliste scientifique, Peggy Sastre a démontré l'inexistence en France de la culture du viol. Cette escroquerie intellectuelle a un fort écho. Les journalistes, diffusent ce concept comme un fait établi, sans recul. La comparaison des chiffres permet d'avoir une idée des faits. Dans les transports en commun parisiens on estime à 267 000 atteintes à caractère sexuel pendant les années 2014 et 2015, ce qui donne une moyenne annuelle de 133 500 agressions. Il n'y a pas que des femmes dans ces agressions. Cependant ces chiffres déforment la réalité car parmi ces 133 500 appelées atteintes sexuelles, 80 000 ont subi des gestes déplacés (caresses ou baisers volés), 55 000 des exhibitions (cela touche tout le monde une exhibition, non, et peut-être plus des enfants ?) et 16 000 des attouchements, tentatives de rapports sexuels ou rapports sexuels (on suppose qu'il s'agit là de viols). Savez-vous combien la RATP transporte de passagers ? 3,3 milliards de personnes. Si nous ramenons chacun des chiffres au jour car on peut estimer qu'en un jour on a une majorité de personnes différentes cela donne d'une part 364 atteintes dont 44 cas les plus graves, pour environ 9 000 000 de voyageurs. Cela indique un peu la proportion de ces agressions 1 agression pour près de 12 500 (si on divise par deux proportion femmes/hommes) mais seulement 1 pour

204 5000 pour les plus graves. Pensez-vous qu'avec de tels chiffres on puisse dire que ces agressions sont immensément majoritaires ? Ces proportions sont inférieures aux vols par exemple. De plus il est évident que cette promiscuité des transports en commun favorise les actes délictueux. Surtout cela donne une idée de la proportion d'hommes qui s'adonnent à ces agressions, une proportion qui est très loin des chiffres utilisés par les FIDs. En effet, non seulement pour bien montrer la nature abject des hommes, on met dans un même sac tous types d'agressions et on tire des chiffres du pourcentage de femmes qui en ont été touchées tout au long de leur vie. Le fait d'utiliser une vaste plage temporaire est déjà bien évidemment un biais. A ce biais très important s'ajoute un autre biais, car les hommes qui sont des prédateurs, ne s'arrêtent certainement pas à une victime, mais en font des dizaines et combien plus tout au long de leur vie. Si, donc, vous prenez le pourcentage de femmes agressées et que vous le transformez directement en pourcentage de la population masculine qui agresse, vous présentez des chiffres infiniment faux et de ce fait déformez la réalité considérablement. Si un homme agresse 100 femmes, cela peut diviser le chiffre par cent. Ceci peut amener à trouver un pourcentage minime - non de femmes agressées le long de leur vie, mais d'hommes agresseurs - , ce qui est sans aucun doute plus proche de la réalité que les 10 à 30 % d'hommes qui agresseraient les femmes.

En effet, les chiffres sont flous. Les accusations sont floues. On mélange tout : viols et tentatives de viols. Et du reste dans viols nous voyons avec l'affaire Darmanin jusqu'à quel degré de folie cela peut aller. La justice a statué par un non lieu. Cependant, une femme l'accuse de viol « par surprise » ! C'est effectivement une définition de la loi. Cette femme avait demandé une faveur à Darmanin, en d'autres mots qu'il intercède pour elle afin de nettoyer son casier judiciaire. En somme elle demandait quelque chose si ce n'est d'illégal (je n'en sais rien) du moins de masquer son histoire, donc de tricher. Ce n'est donc pas très beau, ce qui n'autorise nullement à violer. Mais cette femme avait à l'époque environ 40 ans (Darmanin 26), une femme, disons, accomplie, qui accepte d'abord d'aller dans un club échangiste, ensuite à l'hôtel. Dire alors « par surprise » est pour le moins à s'interroger. S'interroger sur son cas, mais aussi sur les dérives de ce qui permet à une personne d'en accuser une autre de viol.

Donc, dans les statistiques, il est indiqué : viols et tentatives de viols. Pas de distinction. Pas non plus de gradation dans l'horreur. Pas non plus le pourcentage de fausses déclarations, car on enregistre les déclarations sans en effacer le nombre de celles qui sont fausses. Enfin, on fait une estimation globale de ces viols à partir d'enquêtes qui laissent supposer qu'une femme sur 7 jusqu'à une femme sur 10 ne porterait pas plainte. Les derniers chiffres du ministère de l'intérieur nous donnent ceci pour les plaintes en 2017 :
viols et tentatives de viol 16 400
agressions sexuelles 24 000
Ce qui se traduit, compte tenu que seulement une partie des agressions est déclarée, par les hypothèses :
viols et tentatives de viol 117 000
agressions sexuelles 105 000

Ce qui en soi est étrange car cela voudrait dire que les agressions seraient plus déclarées que les viols et tentatives de viols. Mais pourquoi pas ?

Ces chiffres son extraordinairement variables. Ici (site du haut conseil à l'égalité) on a 83 000 femmes qui sont victimes de viols ou de tentatives de viols, 16 % des femmes déclarent avoir été agressées (viols, tentatives de viols et agressions sexuelles) au cours de leur vie, et 5 % des hommes. On devrait donc avoir  26 000 déclarations (et non plaintes) de viols par les hommes. Chiffres jamais donnés et pourtant aussi imposants, non ? Or selon le site gouvernemental de l'observatoire des violences faites aux femmes, seulement 2 700 sont indiqués, soit 10 fois moins. Vous imaginez bien que dans la démonstration des faits 83 000 contre 26 000 ou 2 700 ce n'est pas du tout pareil.

Il faut réfléchir à ces chiffres car les FIDs, nous les présentent ainsi : 14,5 % des femmes déclarent avoir été victimes d'agressions sexuelles, 3,7 % de viols ou de tentatives de viols **au cours de leur vie**. Ces chiffres bruts (ici donnés par le ministère de l'intérieur lors d'un compte rendu redu public début 2018 concernant les derniers chiffres connus), ou ceux de 222 000 femmes au total agressées en 2017, sont choquants et choquent. Ils en deviennent monstrueusement importants et se traduisent par ceci (qui est peut-être une volonté consciente ou inconsciente des FIDs) ; 14,5 % des hommes agressent les femmes. Ainsi, en est-il que lorsque l'on dit qu'une minorité des hommes agressent les femmes, ils nous reportent ces chiffres, pourtant extrapolés, et veulent ensuite faire croire qu'ils sont une seconde fois minorés. On part de 40 000 plaintes, toujours sans aucune distinction de gravité (effleurer un sein ou violer avec brutalité). Or cette comparaison pourcentage de femmes agressées = pourcentage hommes agresseurs est totalement fausse et facile à prouver. Dans la catégorie viols et tentatives de viols, la très grande majorité est faite par des proches. Un homme violent le sera tout au long de sa vie. Dans notre société, une femme aura sans doute en moyenne plus d'un homme dans sa vie (statistiquement près de 9 en France), et un homme, les violents particulièrement, aura plusieurs femmes dans sa vie (environ 11). Etant donné que les femmes portent peu plainte, un homme qui aura violé une première fois, sans risque finalement, recommencera avec les femmes qu'il fréquentera ensuite. On peut donc imaginer qu'en moyenne il pourrait violer 6 ou 7 femmes tout au long de sa vie, puisque l'on parle de la vie totale d'une femme. On peut aussi modifier ce chiffre si en moyenne un femme a été violée par plusieurs hommes différents. Le chiffre donc de 3,7 % d'hommes violeurs est absolument faux. Attention on ne parle pas là du pourcentage de plaintes, mais bien de viols estimés, y compris tous ceux non déclarés. Du reste on le retrouve avec les chiffres annuels qui varient entre 0,31 et 0,5 % des femmes ayant subi un viol ou une tentative. La comparaison entre le pourcentage de femmes violées dans toute leur vie modifié en tenant compte de la pluralité de viols des mêmes hommes avec celui annuel nous donne une idée de la justesse du dernier (entre 0,31 et 0,5 %). Dans une année on suppose que ces hommes violents violent au minimum une femme, ce qui veut donc dire que ce seront moins de 0,31 à 0,5 % des hommes qui sont des violeurs. Ce pourcentage, reflet de la réalité n'intéresse absolument pas les FIDs, ni les campagnes nationales des associations ou du gouvernement. Donc donner un tel chiffre, qui n'est absolument pas dérisoire car on parle de milliers de femmes, et que chaque cas est tragique, aurait un impact extrêmement négatif pour le discours ambiant contre les hommes. Alors on le transforme en un pourcentage plus parlant en matière de propagande.

Pour les agressions sexuelles la déformation est encore pire. En effet, non seulement 85 % sont justes des attouchements non au sexe - la gravité ne sera pas ressentie du tout de la même façon par les femmes allant d'aucun traumatisme (au moins 33 % des femmes ne considèrent pas cela grave en parlant de leur propre agression et laissons les avoir leur libre arbitre sans leur imposer le fait que ce serait sous la pression de la domination masculine qu'elle le pensent) à un fort traumatisme -, mais surtout ces agressions ont lieu dans l'espace public, notamment les transports. On peut être certains que les hommes qui s'y adonnent le font tous les jours, dès qu'ils peuvent. Un homme peut facilement agresser de cette façon une centaine de femmes dans l'année. Les 14,5 % de toute une vie ne peut en aucun cas correspondre à 14,5 % des hommes. Là aussi les statistiques annuelles donnent un chiffre de l'ordre de 2,76 % Ceci est pour une année. En une année, donc comme dit plus haut, un homme a l'occasion d'agresser beaucoup de femmes. Si nous disons 10 (chiffre évidemment faible) cela ramène ces 2,76 % à 0,276 %. On arrive donc au total à moins de 1 % d'hommes qui, soit violent (ou tentent de violer) soit agressent sexuellement (dont plus de 85 % sont des attouchements non au sexe). On peut donc affirmer, au contraire de cette image totalement faussée, que la majorité, l'immense majorité des hommes ni n'agressent, ni ne violent les femmes. A plus de 99 %. Ces chiffres sont évidemment affolants pour les FIDs, les journalistes, le gouvernement.  Ceci dit, même ces 1 % il faut les poursuivre et les condamner. On ne règle pas un problème véritable, profond, traumatisant avec des faits faussés car le retour de bâton est terrible quand ils finissent par apparaître.

Ici il faut donc aussi parler d'une sorte de mélange volontaire entre *#MeeToo*, qui parle bien évidemment d'agression sexuelle, et les inégalités entre femmes et hommes. Cet amalgame pervers permet ainsi de faire accepter la surenchère initiée par cet hashtag, en disant qu'après tout c'est un juste combat des femmes qui, au final, ne font que dénoncer l'inégalité, bien que ce ne soit pas cela du tout. Cette dérive sémantique, facile en fin de compte, augmente ce mélange complet entre une seule parole de travers, un viol avec violence, une inégalité salariale. C'est le grand Tout, avec en ligne de mire le mâle dominateur et prédateur.

Les FIDs accusent la France, entre autres, d'avoir une culture du viol, totalement fausse dans la réalité. En revanche, ils feraient bien de se préoccuper du Maroc où il suffit à un violeur d'épouser sa victime pour qu'il échappe à la justice, infligeant une double peine à la femme violée, ou dans ces villages d'Inde avec des tribunaux locaux qui condamnent la fille ou la sœur d'un coupable à être violée par tous les mâles en punition du méfait de son père ou de son frère. On peut dire que dans ces deux cas, la culture du viol est bien présente.

Il y a un combat aussi qui semble échapper totalement aux FIDs : l'excision. Dans le monde c'est un fléau, mais aussi en France, sans doute 50 000 femmes. Ce fléau, ce sont des traumatismes à vie, physiques d'abord avec des sur-infections, des cystites, des risques mêmes mortels, puis aussi lors des rapports sexuels, et évidemment psychologiques. Ce sont soit des enfants très jeunes soit des jeunes filles vers 14 ans qui sont renvoyées au pays pour s'y faire excisées. Ce qui est extravagant, c'est la tolérance qu'il existe, en particulier pour les exciseuses. Il faudrait ne pas les culpabiliser, ne pas leur faire perdre la face ou leur statut. Un homme qui dit une grossièreté en France devint l'origine de *#dénoncetonporc*, mais une exciseuse dont l'acte est terrible, doit être épargnée. Tout comme pour éviter de stigmatiser certaines personnes (exemple en Allemagne où du reste Caroline de Haas s'est distinguée ne voyant rien, tel un des trois singes bien connus) on sacrifie sur cet autel des centaines de femmes, dont une partie a été violée, quand à côté on jette l'opprobre pour une parole déplacée. Ces attitudes, soit vers ces hommes-ci que l'on ne veut pas stigmatiser, ou ces femmes-là dont on voudrait qu'elle ne perdent pas leur statut social sont des contradictions absolues et insupportables de ces défenseurs de seulement une partie des femmes. Leur idéologie leur permet de séparer les bons violeurs, ou les exciseuses, des mauvais violeurs. Les premiers sont immigrés ou dans leur pays d'origine ou obéissent à une règle religieuse, et ils sont, finalement sacrés et exempts de tout jugement (ce qui est une preuve finalement de racisme) et les autres, dans nos pays sont, pris dans leur globalité, pour d'immondes porcs. Or la proportion d'excisées dans certains pays va jusqu'à 100 %, mais les hommes en France qui agressent les femmes ne représentent que moins de 1 % des hommes. **Il est évident que ce 1 % est un pourcentage de passage à l'acte et que le pourcentage de ceux qui aimeraient faire quelque chose mais n'osent pas, ou n'en ont pas l'occasion est supérieur**, mais on est très très loin de l'image que l'on veut donner des hommes en utilisation de façon absolument malhonnête le chiffre de 14,5 % des femmes ayant subi une agression sexuelle, quelle qu'elle soit, appliqués aux hommes.

Attendons qu'un nouvel hashtag soit mis en place, qui nous démontrerait que le combat des FIDs est juste, fleurisse sur le Net : *#stopalexicsion*. Quand ils combattront avec autant de force les excisions en France, l'emprisonnement des jeunes filles et avec violence pour des raisons religieuses (il est vrai que passer dans certains quartiers et se faire traiter de pute, ne serait grave si leur dénonciation ne stigmatisait pas une certaine population), et quand ils utiliseront les véritables chiffres du pourcentage des hommes qui agressent les femmes, quand ils ne mélangeront pas tout : le pire et l'anodin (viol avec violence avec une phrase du genre : « tu as de beaux seins ») nous pourrons croire à la justesse de leur combat.

Juste un mot d'une autre statistique récente. Les titres des journaux est : 50 % des femmes ont peur dans le métro. Certes, mais aussi 38 % des hommes. Le second chiffre relativise le premier, et dans l'ambiance actuelle, tout indice qui pourrait démontrer le faux constat que l'homme, finalement en soi, est un prédateur violent et la femme une proie est utilisé ad nauseam, et bien sûr de façon fallacieuse.

Les femmes ne sont ni les uniques victimes ni les principales victimes de la violence en France. Elles sont victimes, et il faut appliquer les circonstances aggravantes à leur bourreau. Sont-elles plus victimes que les enfants qui meurent deux fois plus qu'elles sous les coups de leurs parents (dont dans 70 % des cas c'est la mère) ? que les enfants qui sont aussi battus, parfois avec la complicité active de leur mère ? Elle seraient les seules victimes s'il n'y avait en France que 123 meurtres ou assassinats et toutes des femmes. Ces constats sont terribles à écrire et peu compréhensibles surtout quand on ne veut pas voir la vérité en face. Nos bonnes âmes ne voulaient pas stigmatiser d'autres populations, la nôtre étant par définition la pire, lors des agressions d'Allemagne  nombreuses et violentes. En France, qui est un pays au taux d'assassinat d'environ 1 à 1,5 pour 100 000 est de culture vacillante. Nous sommes 67 millions d'habitants et il y a 123 femmes (ailleurs on cite le chiffre de 200) qui sont tuées. En Inde il a un milliard trois cents millions d'habitants. Soit 20 fois notre population. A violence égale on devrait avoir 2 460 femmes tuées. On en compte 2 millions ! près de 800 fois ce chiffres. On a d'autres chiffres ahurissant comme depuis 2006 il y aurait 50 millions de femmes disparues. 50 millions la quasi totalité de la population française, et 70 % plus que la population féminine et plus du double si on exclut les enfants. On pense qu'en plus des crimes d'honneur, une jeune femme meure toutes les cinq minutes à cause d'un dot non versée ou insuffisante. Les jeunes femmes sont aussi brûlées vives. De nos jours. On pense que 17 millions de bébés sont tués à la naissance parce que ce sont des filles. Le même phénomène qu'il y eut en Chine avec la politique de l'enfant unique. Bien sûr ce n'est pas parce qu'en Inde **on tue 800 fois plus de femmes qu'en France, toute proportion gardée,** que cela excuse les crimes commis sur notre territoire, non. Cela démontre surtout que notre culture n'est pas, et de loin, la pire pour les femmes. Et cela démontre qu'il faut avoir une analyse globale des faits et non tenter de tromper les Français sur ce qu'ils sont à partir d'un chiffre qui est présenté comme exorbitant, même si il l'est dans la notion du respect de la vie. Il n' y a aucun souhait à ce qu'une société ait de la violence en elle, et une de ses finalités est de tenter de l'éradiquer. Il ne faut pas, pour autant la présenter comme ce qu'elle n'est pas, et faire savoir que la responsabilité majeure est ailleurs que dans sa culture propre.

Parlons aussi du Mexique pendant 54 ans sous la coupe de l'idéologie communiste revenue au pouvoir en 2012 et qui a la triste gloire d'avoir quasi inventé le mot féminicide, assassinats et disparitions de femmes étant monstrueusement élevés. Cela dit pour prouver que ce n'est pas la civilisation occidentale qui est la cause des viols ni qui les soutient, les autorise, les accepte.

En Inde, on pourra toujours rétorquer que ce sont les Anglais qui l'on colonisée, mais ce raisonnement ne tient pas la route plus d'une seconde. La prégnance de la culture ancestrale est bien plus forte. Au Pakistan, en Afghanistan, dans nombreux pays musulmans où la Charia est dans la constitution, on lapide les femmes et la famille tue elle-même les jeunes filles violées. En Jordanie il y a eu cette jeune fille violée par son oncle et enterrée vivante par ses frères. Au Maroc, cette jeune fille défigurée par son violeur libéré de prison, libéré car il l'a épousé et que d'épouser une femme violée lave le violeur de son crime. Ces cimes d'honneur perpétrés au nom de la Charia déciment les jeunes filles avec la complicité sinon la participation active de la famille. Ces violences extrêmes en nombre tellement plus importants dans certains pays, selon leur coutume, culture ou civilisation, ne dédouane pas un pays qui en est nettement moins touché de s'en prémunir. Cependant on ne peut, au grand jamais, faire croire que c'est la nation elle-même, son entité, qui pousse, accepte ou tolère la violence faite aux femmes. En France il y a des lois. Ce n'est pas parce qu'il y a des comportements odieux de certains fonctionnaires que c'est la nation qui leur demande d'agir ainsi. Nos FIDs ne doivent pas souvent lire ni aller au cinéma ni regarder les feuilletons. Combien de fois dans tous ces domaines ne voit-on pas ou ne lit-on pas les horreurs du viol et les enquêtes, la chasse au violeur avec la volonté de condamnation. Le célèbre feuilleton *New York Unité spéciale* en fait son centre. Dans son générique il est clairement dit que les crimes sexuels sont les pires qui soient et qu'une brigade spéciale s'en occupe. : « *Dans le système judiciaire, **les crimes sexuels sont considérés comme particulièrement monstrueux**. À New York, les inspecteurs qui enquêtent sur ces crimes sont membres d'une unité d'élite appelée Unité spéciale pour les victimes. Voici leurs histoire ...*

» Tous ces livres, feuilletons, films présentent les violeurs comme les pires crapules et font de leur châtiment la colonne vertébrale de leur récit. Alors insinuer que notre nation serait propice, intitatrice, complice de la culture du viol est un mensonge volontaire et honteux. C'est insinuer que dans les textes de loi, dans les règlements, dans les enseignements tout serait fait pour faciliter le viol ou l'agression sexuelle, alors que tout prouve que c'est le contraire. La société est organisée pour lutter contre. Que ce soit loin d'être parfait, totalement efficace est un autre problème. Il est celui de toute société où le fort trouve des failles pour se protéger.

S'il est primordial de parler de ces chiffres ce n'est pas pour dire : *tenez, soyez contentes en France il n'y a que 123 femmes qui sont tuées par an contre 2 millions en Inde, estimez-vous heureuses*. Non, on ne peut s'estimer heureux par une différence du nombre de morts. En revanche on peut analyser la cause des ces morts et démontrer que mettre au ban de la société, et sur le banc des accusés, les hommes en France n'est pas la bonne piste. Que notre civilisation, notre société a en elle-même des crimes de violence, des hommes misogynes, des brutes épaisses, est une certitude mais qu'elle diffuse des anticorps par des femmes qui savent se défendre, par des hommes qui les défendent, par des lois, par des institutions, par l'éducation en est une autre.

Le meurtre ou l'assassinat des femmes est à séparer de la violence sexuelle, quand elle n'en est pas l'origine. Cela veut dire que les agressions sexuelles n'ont pas vocation à se terminer en meurtre. Ceux qui tuent sont des pervers et des meurtriers.

Ce n'est pas parce qu'il y a certains hommes misogynes que la France l'est. Ce n'est pas parce qu'il y a des meurtriers (600 à 800 morts par an) que les Français sont tous des meurtriers. Il y a des violences en France. On estime dans les faits qu'il y a environ 10 cas de violence générale pour un de violence sexuelle.

Ce qu'il faut voir dans ces chiffres, notamment de l'Inde c'est que les FIDs demandent la solidarité de toutes les femmes - et quelques hommes qui sont (en raisonnant de façon symétriques à ces FIDs, sous leur domination) à leur action et fustigent celles qui ne se reconnaissent pas dans ce combat - les FIDs ne tolèrent que leur propre liberté de parole, toute autre liberté est condamnée à n'être que des paroles de collaborateurs avec les Gestapistes -, et que ces FIDs seraient bien inspirés, sans abandonner leur combat en France de manifester dix fois chaque fois qu'il y a une manifestation de leur secte, devant l'ambassade de l'Inde, que tous ces *#MeeToo*, et *#balancertonporc* se mobilisent mondialement et de façon quotidienne pour venir en aides aux femmes en Inde, à toutes les jeunes filles excisées de par le monde, à toutes celles qui subissent la loi d'airain de l'Islam rigoriste, qu'elles viennent en aide, en France à ces jeunes filles prisonnières chez elles, gardées par leurs frères, privées de téléphone, de liberté, brutalisées pendant de longues années, et oui ce en France, traumatisées de façon plus certaines, plus durables que ne le sera une jeune fille bien dans sa peau, moderne, qui ne craint pas grand chose, lorsque dans le métro un homme lui aura mis une main aux fesses. Nous ne pouvons pas leur demander de ne pas se révolter contre les violences faites au femmes, mais nous pouvons leur demander d'ajuster leur colère et leur action en direction de là où l'horreur est au centuple et d'éviter de détourner les faits, les grossir dix-mille fois faisant croire que si l'horreur est individuelle, le nombre qui lui est associé sans comparatif en devient le symbole indépassable et quoiqu'ils disent 2 millions c'est plus, beaucoup plus, énormément plus que 123 même si c'est 123 fois une horreur ce qui est déjà infiniment trop, d'amalgamer certains hommes avec tous, certaines situations - difficiles ou terribles, mais de faibles ampleurs en regard de la violence que tout le monde subit, y compris de la très grande violence - avec d'autres vénielles comme si la plus petite incartade sans conséquence avait la même valeur qu'un viol avec torture afin de mettre injustement tout au même niveau d'horreur et d'en amplifier de façon artificiel la réalité et ce, bien évidemment, pour en appeler à votre capacité d'émotion, d'indignation et de révolte. Nous pouvons leur demander de nous prouver que notre société est pire que celle de l'Inde, du Pakistan, du Mexique pour les femmes. Nous pouvons leur demander de déployer quatre fois l'énergie déployée dans leur combat pour la cause des enfants battus et massacrés en France.

La déferlante *#MeeToo* ou *#balancetonporc*, pourrait être fascinante, si elle n'était effrayante. Tout d'abord elle veut faire croire qu'avant, personne ne parlait. Il est vrai que les FIDs d'aujourd'hui ont été bien silencieux lors de l'affaire Tristane Banon, bien seule à cette époque. Où étaient-ils ? Qui les a empêchés de lancer une campagne de libération de la parole, ce slogan si ce n'est vide de sens, pour le moins extrêmement exagéré. Serait-ce parce que DSK n'était pas Weinstein ? Parce que ce n'était pas Hollywood ? Ou parce que Banon n'était pas assez porte étendard ? Ceci pour dire que lorsque l'on veut donner des leçons de solidarité, il faut aussi balayer devant sa porte. Le peuple qui veut faire sa justice, ne rend pas la justice, mais attise les vengeances de bas instincts. En disant que la parole était libérée cela voudrait dire qu'avant personne ne parlait. Et la fille adoptive de Mia Farrow, n'accuse-t-elle pas Woody Allen, ne parle-t-elle pas depuis des années ? Et la jeune fille abusée par Roman Polanski, n'a-t-elle pas parlé ? N'en a-t-on pas parlé ? Et comme dit plus haut Tristane Banon n'a-t-elle pas parlé ? Ce n'est pas parce que les Zélotes actuels, les FIDs, étaient bien absents à ces époques-là que ce fut le silence complet.

Il y a de substantiels problèmes fondamentaux dans cette campagne. Le premier est celui qui entraîne des condamnations immédiats sans procès, sans défense, sans confrontation. Comme l'a écrit Atwood : *coupable parce que accusé*. Il n' y a plus aucune présomption d'innocence. Une dénonciation devient une condamnation. Faisant litières des droits élémentaires de la défense, mais également ne laissant aucun possibilité au débat contradictoire, ni à la vérification des faits, ni même à l'étude de la véracité des accusations. Les bons apôtres qui ne cessent de crier à la présomption d'innocence pour le premier voyou venu pris la main dans le sac, se félicitent de ces accusations publics, sans preuves, juste des affirmations valant vérité, procès, condamnation.

Un autre problème est le double amalgame : l'amalgame entre toutes les agressions, quel que soit leur niveau : pour la main sur une joue devient l'équivalent de violer sous la contrainte d'un couteau car tout est regroupé sous ce *#MeeToo*. Non seulement tout peut devenir une agression peu importe la gravité du geste et l'intention, mais tout homme est assimilé à un chasseur et toute femme à une proie, second amalgame. Nous reviendrons sur ce qualificatif de proie qui vide de son sens l'être humain ne faisant de l'humanité qu'un monde binaire. Cette déferlante a des conséquences immédiates : des hommes sans aucun jugement sur une dénonciation publique sont jetés aux chiens de meute et immédiatement sanctionnés. Imaginez donc ces hommes débarqués avant tout procès et cet acteur effacé (effacé comme au bon temps de Staline) d'un film avant procès et explications. A faire peur. Cette déferlante a aussi une conséquence gravissime : des réactions qui cristallisent les positions et des réponses inappropriées qui intensifient dans sa dureté et sa fausseté cette campagne. Mi janvier 2018, il y a justement une affaire qui défraie la chronique outre atlantique. Cette histoire n'en est qu'une parmi des centaines d'autres, et démontre la dangerosité de cette campagne qui ne libère finalement pas seulement la parole des victimes, mais aussi fait fi d'une règle fondamentale de la civilisation : on ne se fait pas justice soi-même. Rappelons qu'un homme s'est suicidé en Angleterre. La mort était-elle la juste peine de ses actes dénoncés en vengeance publique ? L'histoire new-yorkaise est celle d'une photographe de 22 ans à l'époque des faits qui plusieurs semaines après un dîner suivi de tentatives de rapports sexuels avec l'acteur américain Aziz Ansar, primé récemment pour ses rôles, s'est confessée, anonymement, dans un long récit sur le site *Babe*. Vous remarquerez que l'accusatrice est anonyme, mais le condamné, lui, est cité. Comme les journalistes sont de parti pris, le résumé qui en est fait, selon les journaux est tronqué, présenté avec beaucoup de raccourcis. Il est présenté comme parole d'Évangiles. Imaginez quelle peut être la vérité de l'information dans ces conditions. En résumé, cette jeune photographe de 22 ans, se prépare à un dîner, qu'elle souhaite galant, avec l'acteur. Il y a en effet de nombreux échanges SMS avant le rendez-vous dont on ignore le contenu, donc l'état d'esprit avant le rendez-vous, si ce n'est qu'elle prend soin de s'habiller de façon adéquate, car elle est enthousiaste à cette idée. A la fin du repas, brusque semble-t-il, tous deux vont chez lui. Chez lui, passant les détails, elle accepte deux fellations, et un cunnilingus. Il veut aller plus loin. Elle ne veut pas. Finalement il tente lourdement d'arriver à ses fins, à plusieurs reprises mais ne la viole pas. Lui demande de se rhabiller. Lui appelle un Uber pour rentrer chez elle. Elle pleure dans l'Uber et le lendemain est dévastée. Lorsqu'il lui envoie un message pour lui dire combien c'était « fun » de l'avoir vue, elle lui réplique dans un long message, après l'avoir commencé en disant que c'était « nice » de l'avoir rencontré, combien elle s'est sentie mal et combien il n'a pas su voir les signes de refus de sa part, et qu'il devrait y réfléchir. Sa réponse est immédiate et regrette de n'avoir pas compris et en est désolé. Dans ce long SMS, elle lui souhaite, en fin de message, bonne chance le remerciant pour le dîner. Après plusieurs semaines de réflexion et de discussion avec ses amis, elle balance l'histoire dans la presse et l'accuse d'agression sexuelle. On lui demande à lui de lire dans ses pensées à elle, mais pourquoi n'aurait-elle pas, elle, le devoir de lire dans les siennes, et que ses gestes non verbaux étaient clairs et donc qu'elle devait en tirer les conséquences et partir ? Pourquoi la lecture devrait-elle être dans un seul sens ? Ne pouvait-elle pas non plus lire qu'il ne cherchait qu'une aventure d'un soir ? Pourquoi n'y aurait-il pas la réciprocité de lecture des signes ? Il ne l'a pas violée, ce qui veut dire que si elle avait interprété ses signes à lui, elle aurait mis le holà sans risque puisqu'il n'a pas été violent avec elle. On ne peut confondre insistance forte avec brutalité absolue. Il va falloir imposer dans la pensée de tous que si un homme doit savoir lire les signes non verbaux des femmes, il est évident, par réciprocité, et pour éviter les problèmes, qu'il faille que **les femmes sachent lire les signes non verbaux des hommes**. C'est un impératif, non seulement de justice, mais aussi de sérénité. Tous les hommes qui ne sont pas des brutes épaisses, qui auront pu se tromper (que ce soit sans malices, ou aveuglés par leur désir) sauront s'arrêter à temps. C'est une certitude pour la majorité des hommes, non pour les harceleurs. Si les FIDs veulent une société d'égalité, et bien que cette société le soit. Dans les faits si seuls les hommes doivent lire dans les pensées, cela revient à dire que les FIDs ne cherchent nullement l'égalité mais la domination féminine des hommes. Soit cela veut dire que les femmes n'ont pas à s'abaisser à s'intéresser aux pensées des hommes, et que c'est à eux de tout savoir, elles leur sont donc supérieures, soit c'est qu'elles en seraient incapables, seuls les hommes l'étant, et donc leur seraient inférieures dans ce domaine.

Dans leur combat, les FIDs ont, en réalité beaucoup d'avantage. La presse, fainéante, ou peureuse, ne va pas oser s'opposer à eux, ni frontalement, ni par la bande. Pis, la parole libérée n'est libre que pour eux, leur doctrine, leur dogmatisme, leurs faits frelatés. Le plus bel exemple est la tribune des 100 femmes. Le journal *Le Monde* (ne pas oublier qu'un de ses propriétaires Xavier Niel, ce qui serait savoureux si le sujet n'était sérieux, a d'abord fait fortune avec le téléphone rose où l'on peut dire que les femmes n'y étaient pas traitées à leur avantage) leur a offert trois gages :

- le premier est le changement du titre. Initialement appelé *Des femmes libèrent une autre parole* le titre de la tribune est devenu, à partir d'une phrase du texte, mais hors contexte : « Nous défendons une liberté d'importuner, indispensable à la liberté sexuelle » Vous imaginez bien ce que ce raccourci va entrainer de paroles et d'interprétations.

- le deuxième est que cette tribune qui méritait d'être largement diffusée était réservée aux abonnés. Ceci implique que peu de personnes l'ont lue et que la masse n'en a eu des échos que par des bribes, des bouts de phrase sortis de leur contexte permettant des accusations d'une violence inouïe

- le troisième c'est que non seulement *Le Monde* avait déjà auparavant ouvert largement ses colonnes aux thuriféraires de ce féminisme de combat mortel et agressif, il a ensuite donné la parole à d'autres sommités de la pensée unique. En gros un rapport de un à dix, et encore un demi car pour les seuls abonnés, permettant toute interprétation erronée, fallacieuse et dénigrante

Cette réponse de cents femmes, qui rétrospectivement peuvent être qualifiées de courageuses, est la conséquence de la vue déformée du monde, rendu bien plus noir qu'il ne l'est, à partir de faits réels, de victimes qui ne sont pas imaginaires, de traumatismes vécus et parfois irrémédiables. Au passage, peu a été rapporté des innombrables soutiens qu'elle a eus, préférant rapporter toutes les attaques venant de l'étranger, mais surtout des USA dont on sait qu'avant de faire quoi que ce soit il faut contacter son avocat.

On a pu lire des réactions hallucinantes comme celle d'Yette Roudy qui montre un monde telle qu'elle le fabrique dans ses pensées et qui a sorti cette énormité que ces signataires étaient tout simplement des collabos de la domination masculine, étant, évidemment, l'incarnation de « l'ordre moral traditionnel : celui de l'homme conquérant et de la femme soumise » selon Laurence Rossignol alors que Caroline De Haas déclarait que ces femmes étaient : « récidivistes en matière de défense de pédocriminels ou d'apologie du viol » . Pour revenir à Yvette Roudy, on a l'impression que son esprit est contaminé complètement par le délire complotiste, une des maladies du siècle et d'Internet. Elle en est, non à supposer, mais à affirmer, fière de sa conviction préexistante à cette autre parole, que ce n'est, en réalité, qu'une manipulation de ces femmes par les hommes. On nage en plein délire. Outre le fait que ces FIDs n'autorisent aucune pensée différente de la leur, ils sont d'un mépris total, d'une arrogance folle, pensant que ces femmes leur sont finalement inférieures, esclaves volontaires, sous l'influence du syndrome de Stockholm. Il leur est dénié le droit à la pleine conscience et liberté de pensée. En gros les FIDs sont des êtres supérieurs, capables de résister à l'infâme pression de la société machiste, quand ces pauvres femmes, souvent de vieilles bourgeoises flétries, d'un autre temps, révolu bien sûr grâce à nos héros, sont intrinsèquement inférieures car soumises au diktat masculin.

Il faut revenir un instant sur les tout derniers propos Caroline de Haas, en février 2018 sur le site du *Nouvel Observateur*. En effet elle affirme sans honte ni remords qu'un homme sur deux ou sur trois est coupable d'agression sexuelle. En réalité cela est plus insidieux. Elle s'est défendue d'avoir tenu ces propos, elle aurait dit (*Le Monde* du 26 février 2018) : « Si une femme sur deux est victime, combien d'agresseurs nous entourent ? Est-ce un homme sur deux ? Un homme sur trois ? Je n'en sais rien. Je sais juste que c'est beaucoup. » Ca c'est sa vision donnée au *Monde* car le *Nouvel Obs,* lui, a sorti l'enregistrement dont voici la transcription (avec un peu de vulgarité à l'appui et on imagine ce que diraient les FIDs si d'autres traitaient les femmes de «

meufs » ) : « S'il y a une femme sur deux qui est victime de violences sexuelles en France, j'en sais rien, c'est peut-être... pas un sur deux parce qu'il y a peut-être des mecs qui violent plusieurs meufs, mais c'est au moins un sur trois, c'est énorme, c'est énorme. Et en fait c'est trop dur à admettre, ça. ». On voit déjà que Caroline de Haas passe allègrement d'agressions (sondage qui donne 50 %) à directement viol (12 %) ce qui est bien, bien différent, et ce qui lui permet, ainsi par glissement honteux, de dire : <u>c'est au moins un sur trois</u>. Le « au moins » est terrible, terrible et terriblement faux. Il s'agit de tout au long d'une vie et de 12 % au départ. Ce genre de discours est tout simplement scandaleux, dangereux et mensonger. Comme le prouve ce livre c'est évidemment d'une telle absurdité que l'on ne peut qu'en rester coi. Il serait bon qu'une association quelconque l'attaque, au nom des hommes dans leur globalité, en justice pour : incitation à la haine, propagation de fausse information, diffamation et calomnie. Il y a un moment où l'on ne peut absolument pas laisser dire de telles énormités. Il ne faut pas oublier qu'elle a été à la tête de l'UNEF alors qu'il y avait en son sein des agressions sexuelles et qu'elle n'a rien vu. Elle demande la mansuétude disant qu'elle ne pouvait pas voir alors qu'elle demande aux hommes de deviner les pensées intimes et contradictoires des femmes qui ne disent pas non mais ensuite vont se plaindre car l'homme aurait, lui, dû comprendre. Elle veut donc bien de la compréhension pour elle mais n'en veut aucune pour les hommes. Elle a quitté les réseaux sociaux car elle y était attaquée mais en a usé et a demandé que les femmes en usent et en faisant, pour certaines, ce que l'on appelle de la délation car sans preuves, anonymement - les hommes étant eux nommés - sans jugement, sans possibilité de défendre, coupable car accusés, et pour ceux pour qui il y a prescription, il n'y a plus de possibilité de prouver leur innocence, ils seront à jamais marqués. Peu importe, ces réseaux sont utiles pour salir des hommes mais sont néfastes quand il s'agit d'elle.

Et que dire de l'historienne Michelle Perrot se dit, elle, sidérée par leur « inconscience des violences réelles subies par les femmes », sachant que des signataires ont été violées et que Peggy Sastre, elle aussi, l'a été. Et que Catherine Deneuve fit partie de 343 salopes déclarant avoir avorté. Ces propos sont des propos staliniens, tout simplement. Cette affirmation diffamatoire de l'ange du bien contre les démons du mal, est une fausse interprétation (volontaire ?) d'un texte soit qu'elle n'a pas lu soit dont elle se sert pour présenter les faits à sa sauce et pour faire passer une idéologie à partir d'une émotion légitime créée par une fausse accusation. C'est la technique du chirurgien qui use d'un bistouri en ouvrant la peau pour pénétrer dans le corps. L'émotion sert à ça : ouvrir votre esprit à une idéologie se servant de votre empathie.

La tragique réalité est que ces attaques se font à partir de bribes de phrase, d'un texte où jamais il n'est question d'accepter la moindre agression quel qu'en soit l'ampleur, ni de nier qu'elles existent. Ces raccourcis, colportés par la masse anonyme, sorte d'essaim éparpillé, des Twitter, Facebook et autres organes de propagande virale, puissante et quasi immédiate, media sans recul et sans conscience sauf celle de se croire un juge suprême détenant la vérité, prompt à la condamnation et l'indignation instantanée, tuent la vérité et ne permettent pas un débat à armes égales.

Il suffit d'analyser avec soin la composante française de *#MeeToo* qui est *#balancetonporc*. Ce qui saute aux yeux c'est que le premier est une sorte de solidarité dans le fait d'avoir été victime, juste un témoignage : nous aussi nous avons été agressées, alors que le frère français (la sœur ?) est composé d'un verbe, donc d'une action, et de la caractérisation : un porc. Foin de degré, de considérer qu'il y a pu y avoir un moment d'égarement qui, s'il est condamnable, n'est pas à mettre sur le pied d'égalité avec des faits replétifs et habituels, quand cet égarement n'est que véniel. Les deux termes eux-mêmes sont significatifs, **porc** certes, mais aussi

**balance**. Cela aurait pu être **dénonce**. Balance est beaucoup plus violent. Si les FIDs nous disent ce n'est qu'un cri du cœur pour répondre à la violence des hommes, nous pouvons leur répondre que le problème des agressions sexuelles est un problème grave et qu'il faut le régler. Et que pour régler un problème grave, si jamais la loi du talion a été une première étape pour empêcher l'escalade, la vengeance publique, la dénonciation sans preuve, en un mot se faire justice soi-même, outre le fait que c'est réprimé par la loi, et par le bon sens, et par la raison, et par la notion même de justice, n'est pas la voie à prendre car cela ne règle rien, et au contraire aggrave la situation. Le symbole même de ce dévoiement est le fait initiateur de ce *#balancetonporc*. Le 13 octobre 2017 la journaliste Sandra Muller a écrit, alors qu'elle est à Manhattan, sur son compte Twitter : " Tu as des gros seins. Tu es mon type de femme. Je vais te faire jouir toute la nuit" Eric Brion ex patron de Équidia *#balancetonporc*

Elle ne s'est pas contenté de ce message elle a lancé le mouvement en appelant tout simplement à la délation publique : à travers le hashtag *#Balancetonporc*. « Toi aussi raconte en donnant le nom et les détails un harcèlement sexuel que tu as connu dans ton boulot. Je vous attends »

Eric Brion s'est expliqué dans une tribune *du Monde* le 30 décembre dernier dont je reproduis ici la seule partie disponible au grand public - *Le Monde* dans sa croisade pour la justice ne donne la parole aux accusés que lors de tribunes accessibles uniquement aux abonnés alors que les attaques comme *#Balancetonporc*, sont diffusées largement, juste des accusations, sans contextes, sans explications, comme seule vérité factuelle - : ***Tribune***. *Il y a deux mois et demi, mon nom a été le premier associé à une campagne de dénonciation sur les réseaux sociaux consacrée au harcèlement sexuel. Dans un premier temps, j'ai délibérément choisi de garder le silence, toute parole à chaud pour tenter de rétablir la vérité ou corriger les inexactitudes étant laminée par les réseaux sociaux.*

*Quel rapport entre mon comportement et l'affaire Harvey Weinstein, accusé de viols et de harcèlement sexuel par plusieurs femmes ?*

*Mais ce silence laisse planer trop de doutes et de questions auxquels je souhaite ici répondre. J'ai effectivement tenu des propos déplacés envers Sandra Muller [la journaliste à l'origine du hashtag #balancetonporc], lors d'un cocktail arrosé très tard dans une soirée, mais à une seule reprise. Elle me plaisait. Je le lui ai dit, lourdement. Et une seule fois, je tiens à le préciser. Je ne veux certainement pas me disculper de ma goujaterie d'alors. Je lui réitère ici mes excuses.*

*Néanmoins, quel rapport entre mon comportement et l'affaire concernant Harvey Weinstein, accusé de viols et de harcèlement sexuel par plusieurs femmes ? Les deux premiers tweets quasi simultanés de Sandra Muller laissent pourtant volontairement planer une ambiguïté sur ce qui s'est passé ce soir-là, en me « balançant » après avoir appelé les femmes à donner les noms d'hommes qui les ont harcelés « au boulot » et en plaçant cela dans le prolongement des attaques contre le producteur américain.*

*La machine, inarrêtable, était lancée*

*Or, je n'ai jamais travaillé avec Sandra Muller. Je n'ai jamais été son collaborateur ou son supérieur hiérarchique, comme j'ai pu le lire ici ou là…. Cela est aisé à vérifier, mais, une fois que la machine infernale est lancée, on ne peut pas l'arrêter. Les conséquences personnelles et professionnelles de cet amalgame entre drague lourde et harcèlement sexuel « au boulot » ont été extrêmement importantes et pénalisantes.*

Ce qu'il faut voir dans la genèse de cette campagne destructrice pour beaucoup, est la grande faiblesse de ce harcèlement, à considérer qu'Eric Brion dise la vérité. Ce qui est, en tout cas vérifiable, et qui démontre la volonté manifeste de faire des dégâts, est que le tweet a été concomitant à l'affaire Weinstein, créant un parallèle inique, que Sandra Muller a fait croire qu'il y avait un rapport hiérarchique, par là, un abus de pouvoir. Elle le fait croire dans chacun des deux tweets. Dans le premier elle donne son titre d'ex-patron d'Equida (donc faisant croire qu'il a été son supérieur hiérarchique) et dans le second en parlant d'agression dans « ton boulot ». Le rapport avec le milieu professionnel et la subordination hiérarchique est parfaitement suggéré. Ces deux faits devraient faire réfléchir ceux qui sont prêts à payer pour financer la défense de la journaliste attaquée en diffamation pour ce message. Il faut regarder de près les faits (toujours en tenant compte qu'Eric Brion peut mentir, la justice en dira quelque chose lors du procès) : en résumé, lors d'une soirée arrosée, un homme qui désire une femme, le lui fait savoir par des propos grossiers, non réitérés, sans agression sexuelle est jeté en pâture au même titre qu'un Weinstein qui a fait une industrie de ses tentatives de viols ou ses viols. La différence est telle qu'elle laisse pantois et ne permet aucune indulgence au procédé employé par Sandra Muller. Il est un fait avéré que l'alcool désinhibe. Certes si cela déshinibe, cela veut dire qu'il existe, ou préexiste ce qui le sera. Oui. Et alors ? Il s'agit, dans cette histoire du désir d'un homme pour une femme. C'est la parole qui a été déshinibée et c'est l'alcool qui a joué un rôle catalyseur. Que le désir soit préexistant, où est le problème ? Les FIDs voudraient-ils donc que pas un homme n'ait un désir pour une femme vue ? Ce qui fait l'humanité c'est, au-delà de la parole, la conscience. Et la civilisation utilise la conscience pour modérer le désir. En pleine conscience, la pensée va brider les pulsions. Que l'on soit un homme, ou que l'on soit une femme. Lorsqu'un déshinibiteur intervient, - l'alcool, la drogue, une ambiance, un phénomène de groupe, au volant de sa voiture - les saines barrières sont abaissées, plus ou moins. Cette histoire est celle d'une goujaterie, sans acte et sans conséquences pour la victime, qui aura des conséquences tragiques, et à vie, pour l'homme dont le dérapage est tout simplement véniel. L'ADN de cette campagne est comme l'étendard du danger extrême que cela représente. Une accusation publique, non vérifiée, qui devient une condamnation à vie. Cette campagne ne correspond en rien à de la justice, mais à de la vengeance qui en est l'opposé. Sandra Muller demande explicitement de nommer les personnes, donc de faire de la délation car ce sont des dénonciations sans preuves avancées, sans possibilité de se défendre. Et ceci est fait alors que l'on connaît les ravages d'Internet par son comportement enflammé, sans aucun recul, avec cette croyance de toute puissance divine, le droit de clouer au pilori dès qu'une émotion est diffusée quand bien même elle serait frelatée, reposant sur du vent ou que le fait serait mineur et sans conséquences. Internet offre le pouvoir d'être juge et bourreau, sans risque, se donnant le beau rôle du justicier qui, enfin, rétablit la victime dans ses droits. C'est l'indignation spontanée et éruptive.

Dans ce non débat, car les FIDs font peu de cas de la négation de la discussion, il suffit que vous ne pensiez pas comme eux pour que vous soyez fusillé au poteau de l'infamie, de la non-solidarité, de la traitrise, de l'innommable. Les FIDs font de toutes les femmes, dans toutes les situations des victimes traumatisées, se réservant, de plus, le monopole du traumatisme, comme le monopole de l'agressé(e). Ce sont des héros et le reste n'existe pas. Il n'y a qu'une seule femme et qu'un seul acte : la femme traumatisée et l'homme agresseur. A y réfléchir deux secondes cela cantonne la femme à l'unique faiblesse, faisant fi de la force de beaucoup d'entre elles et de leur capacité à réagir immédiatement pour arrêter toute action, ou à s'en sortir ensuite par un grand courage et une vitalité retrouvée. C'est donc non seulement considérer les femmes non comme des êtres divers, des individualités, leur existence propre, mais selon un seul modèle de la faible et misérable créature sans volonté, courage ni défense. Le fait même qu'il y ait d'autres femmes, et non des demeurées, qui aient voulu cette tribune, au lieu de les faire réfléchir et de se dire s'il y a une tribune, c'est que tout n'est pas comme nous le disons, qu'il y a d'autres vues, cela décuple leur haine. Non, comme dans les pays totalitaires, il n'y a qu'une vérité, la leur. Pourquoi n'est-ce nullement une vérité ? D'abord car il est impossible de classer en une seule rubrique les agressions. N'y aurait-il aucune différence entre effleurer un sein, serrer un sein, palper un sein ? N'y aurait-il que des femmes à vie traumatisée par un effleurement de sein ? N'y aurait-il pas des femmes que cela ferait rire, d'autre énerverait, que d'autres remettraient à sa place l'impudent par une parole bien sentie ou par une claque (alors il devrait porter plainte non ?) ? Et ensuite si certaines pourraient être traumatisés d'autres en seraient indifférentes, d'autres en riraient, d'autres se vengeraient. La réaction d'une femme n'est pas unique. Certaines sont fortes, certaines fragiles. Tout mettre dans le même sac, dévalorise les femmes de fait. Faut-il aussi demander à ces FIDs s'ils ont fréquenté l'école, le collège, le lycée ou l'université et tendu l'oreille que des femmes, de jeunes filles en ont traumatisé d'autres en se moquant publiquement d'elles : trop grosses, trois maigres, qui s'habillent comme des sacs à patates, qui ont des spots, des lunettes, ne pourront jamais avoir de petits copains ? Et aussi n'ont-ils jamais tendu l'oreille pour les entendre se moquer de ce garçon qui bégaye, qui rougit, qui est trop gros, qui a de l'acné etc. ? Parmi ces garçons n'y en a-t-il pas qui vont être traumatisés à vie et ne pas jamais oser aborder une femme?

Le traumatisme subi n'est pas la propriété des femmes, et il faut cesser de le faire croire. Les chiffres nous le disent. Ce ne sont pas seulement les femmes qui sont agressées. De quel droit devraient-elles se réclamer d'être les seules traumatisées, les plus traumatisées ? Un homme violenté par un ou plusieurs voyous qui n'ose plus sortir de chez lui, qui a reçu des coups, n'a-t-il pas le droit, lui aussi d'être traumatisé ? Ce qu'il faut dire c'est que a violence contre les femmes existe et est un fléau. Ce qu'il faut dire qu'il faut tout faire pour la réduire et punir les auteurs. Mais ce qu'il faut dire que le sujet de cette violence n'est pas leur apanage et que les traumatismes non plus. Des hommes sont violents et frappent des femmes. Des hommes violents frappent des enfants. Des hommes violents frappent d'autres hommes.

Outre l'empire de l'alcool, il y a certes des hommes qui frappent des femmes parce qu'elles sont femmes, comme ils frappent des enfants justement parce que ce sont des enfants. Ces hommes là, comme ces femmes-là (à la proportion un tiers des hommes), sont des brutes qui profitent de la faiblesse. Le point de départ est celui-là : la force qui profite de la faiblesse. La volonté de dominer. Si les conséquences sont plus importantes pour les femmes c'est parce que la nature, la physiologie, a fait qu'en moyenne et en général, une femme est moins forte qu'un homme. Cependant, parfois ce n'est pas qu'une question de force physique, et l'on sait pertinemment que certaines femmes, bien que plus frêles que leur compagnon, les dominent et leur font vivre un enfer. Le viol, lui, a un pied dans ce cercle de domination, de violence, et un pied dans le cercle de l'assouvissement pervers de la sexualité. Il ne peut y avoir (terme sans doute inadéquat) de réciprocité : une femme peut difficilement violer un homme, même si c'est possible

Il y a dans le viol, pour certaines femmes, un traumatisme encore plus important. La physiologie peut l'emporter sur sa volonté et c'est une tragédie. Ceci est un point très délicat à aborder, et malgré touts les précautions prises, la sincérité des paroles, on ne peut se faire aucune illusion quant à l'utilisation des propos qui vont suivre. Vous pourrez dire que vous ne cautionnez pas le viol, que vous le combattez, on vous fera un procès quand vous direz certaines vérités terribles, terribles car elles détruisent encore plus les victimes. Tous les viols n'ont pas la même violence, même si aucun n'est acceptable. Touts les femmes n'y réagissent pas de la même façon et ne se sortent pas du traumatisme de la même manière. Certaines ne s'en sortiront jamais, d'autres mieux. L'immense problème vient quand le physique se déconnecte du cerveau. Lorsqu'il y a un rapport sexuel, il y a des réflexes incontrôlables. Ces réflexes n'ont ni la même ampleur, ni les mêmes déclenchements selon les personnes. Si vous taper avec un marteau à réflexe sous la rotule votre jambe croisée sur l'autre se relèvera quoique vous vouliez faire. Votre volonté est hors circuit. Lors d'un viol, y compris dans la panique, la terreur, l'horreur, il peut arriver que la femme ait un réflexe non voulu, non souhaité de jouissance. Ce que Brigitte Lafaye a fort mal dévoilé laissant croire, malgré elle, par un propos mal introduit et trop court est que certaines femmes jouissaient lors d'un viol, tout de suite traduit en gros : Brigitte Lahaye ferait croire que la victime en a profité, avec la déduction fausse mais utile aux FIDs, donc qu'elle dédouanerait les violeurs car les femmes jouissent pendant un viol. Ce n'était pas son propos. Nier la vérité physiologique c'est abaisser encore plus la victime car c'est lui refuser de reconnaître que cela a été le cas, mais que ce n'était pas de sa faute, qu'elle ne l'a jamais voulu. On connaît tous ça, les idéologues nient les faits qui les dérangent, les occultent et se servent de ceux qui en parlent pour les culpabiliser et mettre de leur côté tous les beaux esprits qui ne se gênent pas pour autant de faire du délit de sale gueule contre les hommes, d'admirer et d'applaudir bruyamment l'accusation publique sans preuves et sans procès.

Il y a dans le cas de cette jouissance involontaire, un débat sémantique. Des spécialistes nous disent qu'il faut faire attention aux mots et que ce n'est pas de la jouissance réelle, mais un réflexe d'autodéfense. Si une femme violée a une humidification de son vagin, ce n'est qu'un réflexe d'autodéfense. On se demande pourquoi ce réflexe ne serait pas une contraction du vagin pour empêcher la pénétration du simple fait que le vagin peut se contracter (ce qui parfois pose des problèmes de couple). On se demande aussi comment ils peuvent déterminer que l'humidification du vagin ne serait pas dû à un réflexe lors de la pénétration justement pour la faciliter par lubrification car c'est son objectif, et non un réflexe de défense. On peut raisonner par la symétrie. Un masochiste aime la souffrance. Il y a donc une transformation cérébrale de la douleur en jouissance, mais ceci n'élimine absolument pas la réalité de la douleur physique. A moins que nos savants nous expliquent qu'en fait il ne souffre pas. Si on en prend la symétrie, le corps jouit mais l'esprit en fait une autre interprétation avec ce malheur de la dualité dont je vais parler plus bas.

Pour ces savants, il faut bien sûr bannir le terme de jouissance car il est culpabilisant. De ce fait ils dénient la jouissance physique, qui est un réflexe, en arguant que la femme n'éprouve pas de plaisir réelle. En fait son cerveau refuse le viol, et interprétée différemment les signes de ce qu'ils sont. Elle vit une sorte de dualité entre d'un côté son corps qui éprouve du plaisir (ça c'est physiologique) et l'horreur qu'elle subit du viol. Dualité dédoublée car de plus, se rendant compte de cette réaction de son corps elle se juge salie, complice. Le traumatisme n'en est que plus lourd. Faire croire que physiologiquement il n'y a pas de plaisir que ce n'est qu'un réflexe (ce qui est vrai) c'est empêcher la guérison. Il y a un plaisir non volontaire, mécanique  sans participation qui ne s'accompagne pas du plaisir du cerveau, mais au contraire s'y oppose. Dire qu'il n'y a pas eu de plaisir est nier un fait, dire qu'il y a plaisir sans associer son corollaire qu'il n'est que physique et non voulu et contradictoire avec les pensées est tout aussi fautif et dangereux. Enfin, nous voyons là aussi une contradiction, ce que les FIDs refusent à la biologie de l'homme, ils l'acceptent pour la femme. L'homme n'a aucune raison autre que la malignité qui l'habite, car il est intrinsèquement un prédateur, que la biologie peut expliquer, sans excuser ni pardonner, ses actes n'existent pas. En revanche, cette biologie qui fait ressentir, de façon non voulue, par la femme un plaisir rejeté par son esprit, là, c'est juste et la biologie vient au secours de cette damnation du plaisir malsain et exécré, à juste titre, source de traumatisme plus grand encore.

Brigitte Lahaye, par ses propos mal présentés, sortis au mauvais moment comme une justification du viol, ce qu'ils n'étaient pas, a involontairement fait du mal à la vue raisonnée des rapports entre les femmes et les hommes. La tribune qui a été modérée dans son ensemble a aussi eu des travers car si la cause était bonne certaines raisons ne l'étaient pas. Une de leur motivation est la liberté sexuelle. En gros une société à la limite de la permissivité.

La physiologie (et plus largement la biologie et ses conséquences sur l'être vivant) est l'ennemie des FIDs qui la nient. Pour eux, pas d'existence car l'existence de la physiologie est une preuve de leurs errements. Il y a d'évidentes différences femmes/hommes. Non seulement physiques en général : les hommes ont un corps plus musclé, ils sont plus grands, une conformation et une composition osseuse différentes, une répartition des graisses différentes, un métabolisme différent. Faites un test simple : regarder les records du monde d'haltérophilie à poids équivalents entre une femme et un homme considérant que les deux s'entraînent aussi fort et font tout pour donner le meilleur. Vous constatez tout simplement que la femme soulève bien moins que l'homme pour une même masse corporelle, ce qui veut dire en clair que la conformation musculaire n'est pas la même et que la génétique y a sa part et ce sans que l'on n'y puisse rien. On peut toujours le nier, la réalité n'en restera pas moins la réalité. Ces différences de constitution ont forcément une implication dans la vie de tous les jours : porter des charges plus lourdes par exemple. Il y a d'autres différences physiologiques évidentes comme les organes sexuels : les hommes ne sont pas responsables du fait que ce sont eux qui pénètrent les femmes. Dans l'acte sexuel - ne parlons pas de l'aspect purement plaisir et là aussi il y a de notables différences dont on ne peut rendre en conscience l'homme responsable - il y a des attributs masculins et des attributs féminins et l'emboîtement (terme très poétique vous l'avouerez, mais au moins explicite) ne se fait que dans un seul sens. Mais il y a quelques choses qui ne concerne pas l'aspect physique bien que celui-ci induise une part des comportements. Il y a les hormones. Les neurosciences savent que le caractère est influencé par les hormones. La réflexion n'est rien d'autre que des contacts neuronaux avec des influx nerveux électriques et des neurotransmetteurs. Tout ce qui modifie les interactions neuronales modifie la pensée, le caractère. Les hormones mâles et les hormones femelles n'agissent pas de la même façon, et ont une influence sur le caractère. Fondamentalement un homme et un femme ne peuvent se comporter à l'identique. Il ne s'agit là ni de supériorité ni d'infériorité de comportement mais de différences. De plus la femme est soumise à un cycle, non seulement menstruelle qui peut être douloureux, ou rejeté, mais aussi à un variation hormonale très importante. Je vois venir les FIDs attaquer bille en tête voulant faire croire que mon propos se résume aux paroles machistes disant, par exemple : tu as encore tes lunes et tu nous emmerdes ! Ça c'est leur déformation de mes propos. Eux nient l'évidence des influences hormonales sur les comportements humains, car cela dérange leur vue purement idéologique des rapports, et notamment des comportements des hommes. On sait que les hormones mâles peuvent entraîner de l'agressivité. Le sachant, une des ressources de l'humanité est sa capacité à ce que la réflexion, la pensée, l'éducation permettent de s'opposer aux effets destructeurs de l'agressivité quand celle-ci est un danger pour autrui. Cette composante hormonale n'est donc pas une excuse, en aucun cas, à l'agression sexuelle. Une autre différence, qui ne vous aura pas échappé et qui n'est pas des moindres : jusqu'à aujourd'hui, seules les femmes portent des enfants.

Voici, à l'occasion de la sortie de son livre, une intervention dans *Madame Figaro*, d'Aurélia Schneider une psychiatre parlant de ce concept fort développé aujourd'hui : la charge mentale (que l'on oublie aussi qu'il concerne également les hommes) :

***En plus des volets historiques et sociologiques, vous avancez dans votre livre une composante physiologique,***

*avec la chronobiologie. Selon vous, elle prédisposerait
même les femmes à la charge mentale. C'est-à-dire ?*

*C'est ce que j'appelle la théorie de l'horloge. Nous avons dans
notre tête des sécrétions d'hormones déclencheuses du
système d'ovulation, et nous avons des pulsations toutes les
60 ou 90 minutes, selon le moment du cycle. Ce que les
hommes n'ont pas, évidemment. Dans nos têtes, nous avons
donc des sous-comptages très subtils, et nous sommes
rythmées d'une façon très méthodique. Je me suis rendue
compte que les femmes passent leur vie à compter ; leurs
dates de règles - il existe même des logiciels pour cela - ou à
anticiper parfois leur syndrome prémenstruel. Finalement,
nous sommes amenées à tout calculer, prévoir, en
permanence, nous passons notre vie à avoir cette lecture de
l'environnement. Cela pourrait éventuellement expliquer une
prédisposition à la charge mentale.*

Peggy Sastre a étudié l'influence biologique depuis la
nuit des temps et des implications dans les comportements
humains. Un des points essentiels est la préservation des
espèces par la procréation. Des études ont prouvé qu'en fin de
compte c'est plutôt la femme qui choisit l'homme par des
signaux subliminaux, laissant croire que c'est l'homme qui
choisit. Il entre dans des décisions inconscientes, le fait majeur
que l'homme doit être un bon spécimen pour les enfants à
venir, de même la femme doit être une bonne reproductrice
pour l'homme. On ne peut nier le caractère vital de la
nécessité de la reproduction pour la survie de l'espèce. Ce
que la société apporte c'est une modération de ces instincts,
mais non l'annihilation. La biologie a un impact important sur
les comportements humains. Le nier c'est tout simplement
empêcher de régler le problème. Savoir qu'un homme a une
tendance à vouloir un rapport sexuel plus fréquent, sans
chercher vraiment un consentement, n'est en aucun cas
l'excuser. L'éducation, la culture, la civilisation sont fondées
sur des contradictions : les instincts qui tendent à favoriser une
domination, et la réflexion soutenue par la conscience, en

d'autres mots le rapport entre le bien et le mal, tentent à les contrebalancer. C'est en n'ignorant pas les aspects biologiques, innés, physiologiques que l'on peut tenter de régler son sort aux inégalités. Aucune excuse là-dedans. L'excuse est de l'ordre métaphysique. Il s'agit d'une explication. Quand vous comprenez l'origine d'un problème vous pouvez mettre des outils en place afin d'en éviter son développement et ses conséquences, quand vous en nier la réalité, vos méthodes de lutte sont faussées avec pour résultat un échec. Si en plus vous décrétez ontologiquement comme mauvais l'homme c'est donc qu'en fait vous dites sans même le savoir que ce sont bien ses instincts qui interviennent et donc la biologie - ils ne sont pas à une contradiction près - comme le prouve dénonce ton **porc**. Ce qui a un autre travers tout aussi dangereux, si l'homme est mauvais, il est inférieur et donc la femme lui est supérieure. Ce n'est plus une volonté d'égalité, mais de nouvelle domination, domination qui existe belle et bien dans nombre de cas : une femme qui tient un homme par le sexe (au figuré et peut-être non), par l'empire de l'amour (elle le mène par le bout du nez, il lui passe tous ses caprices etc.), par une domination psychologique etc.

Nier la biologie ou la physiologie c'est donc, évidemment nier les émotions.

Lorsque des articles de vulgarisations des théories comme quoi l'être humain peut aussi être gouverné par ses instincts, il est intéressant de lire les commentaires car ils peuvent éclairer votre pensée. De ces nombreux commentaires, aux écoles multiples et aux vérités assenées, j'y ai trouvé au moins un argument pertinent qui mérite d'être renvoyé sans arrêt aux FIDs. Ceux-ci interdisent aux hommes de penser à la place des femmes, n'étant pas une femme, mais cela ne les empêche nullement de penser à la place des hommes quand bien même une partie majoritaire de ces FIDs sont des femmes. Du reste une grande partie de leur analyse tient du fait de leur interprétation de la pensée des hommes leur interdisant, le comble, d'imaginer ce qu'est la vie d'une femme. Le droit à la symétrie justifiée n'est pas leurs fort, vous en conviendrez.


Dans ce maelström on arrive à des absurdités qui montrent que, comme souvent, l'émotion, la lâcheté, la volonté de faire partie du camp du bien (enfin celui décidé par quelques uns ayant la vérité révélée) poussent des personnalités à faire des choses d'une rare stupidité. Prenez *Carmen* de Bizet. En Italie, un génial metteur en scène, décide de défigurer une œuvre qui a quelques heures au compteur, sous le prétexte - il faut rester bien accroché quand on découvre ce genre de raisonnement - que dans la période actuelle il était indécent que le public applaudît la mort de Carmen. Non vous ne rêvez pas. Non seulement cet argument a été évoqué, mais défendu par de nombreuses grosses têtes qui ont oublié de réfléchir sur le fondement de cette affirmation et sur ses conséquences. Tout d'abord c'est un pur sophisme. Lorsque le public va applaudir la fin de *Carmen*, il ne le fera que s'il a été convaincu par la mise en scène, le livret et la musique de l'Opéra, l'interprétation des chanteurs et des musiciens. Dans aucun cas, les applaudissements iront au fait que Carmen est assassinée. Comment peut-on penser une telle imbécillité ? Ce serait comme dire qu'à la fin du film *Love Story* si on applaudissait par l'émotion issue de l'histoire ce serait que l'on applaudirait la leucémie ! Il n'y a aucune discussion cette définition toute personnelle des applaudissements d'une œuvre est définitivement une parfaite hérésie. Puisque ce génial metteur en scène développe cette théorie, il faudrait alors qu'il aille au bout de son raisonnement : pour lui il est donc mieux que la Carmen soit une meurtrière ? On applaudirait alors un meurtre ? Et si l'on nous disait que ce meurtre serait justifié, on répondrait : Ah bon ? Vous justifiez, applaudissez donc à ce que l'on se fasse justice soi-même ? La loi de la jungle ? Où est la civilisation ?

Non, on ne se fait pas justice soi-même. Dans *Carmen*, personne de sensé n'applaudit à sa mort. Au contraire l'œuvre démontre la totale injustice de la vie et de la mort de Carmen. Cette mort cristallise l'injustice et développe le sentiment d'indignation.

Toutes ces démarches aboutissent des attitudes excessives et parfois tout simplement scandaleuses. En janvier/février 2008, un homme, après avoir joué au veuf éploré trois mois durant, a avoué être coupable d'avoir étranglé sa femme. Il déclare par l'intermédiaire de ses avocats (qui ont fait un show condamné par le barreau) que ce serait un accident. On imagine difficilement étrangler par accident. Donner un coup violent qui entraîne une chute lors de laquelle la tête de la victime tape malencontreusement contre le coin d'une cheminée en marbre, ce peut être un accident, sans nier la violence qui en est à l'origine. Etrangler nécessite de serrer le cou jusqu'à la mort. Ensuite il aurait habillé sa femme de jogging et chaussée de basket, et serait allé la déposer dans un bois. Tout ceci ne plaide pas pour lui. En revanche au regard de la loi, tant que le procès n'a pas lieu, il est présumé innocent (ce qui est sans arrêt utilisé pour les voyous ou autre délinquants défendus par de bonnes âmes, bien que là aussi tout prouve leur implication), bien que nous supposons tous à ce moment que factuellement il serait coupable car il a avoué. Si je parle ici du sens juridique c'est que madame Schiappa, ministre il faut le rappeler, a fait une déclaration ahurissante dont voici des extraits : « Nous dire : " Elle a une personnalité écrasante, et c'est pour cela qu'elle aurait été assassinée", je trouve ça proprement scandaleux », (sur RTL)

« En disant ça, on légitime les féminicides, on légitime le fait que tous les trois jours, il y a une femme qui soit tuée sous les coups de son conjoint » [...] « je trouve que c'est extrêmement dangereux de relayer cela » [...] « **Ça n'est pas passionnel, ce n'est pas une dispute, ce n'est pas un drame**

**passionnel, c'est un assassinat** »[...]. Il faut arrêter de minimiser les violences conjugales, arrêter de trouver des excuses. Il n'y a rien, rien, qui justifie que l'on frappe sa femme ou sa compagne ».

Ces propos sont nets et s'adressent bien à cet homme et son avocat et ne sont en aucun cas d'ordre général. Ce qu'elle voudra faire croire par la suite. On peut noter que ces propos gravissimes, n'ont déclenché qu'une toute petite polémique aussitôt éteinte.

Vous avez bien lu la dernière partie de sa déclaration. Outre le fait qu'elle se permet tout à la fois de juger de la méthode de défense d'un suspect (ce qui n'entre pas dans sa compétence, bafoue la séparation des pouvoirs et les droits de la défense), outre le fait qu'elle serait alors au courant d'un dossier d'instruction que seuls les juges et les avocats connaissent, elle utilise le terme juridique d'assassinat sans aucune présomption d'innocence, terme qui **implique la préméditation** et qui est différent du terme « meurtre » employé par les autorités judiciaires, ce qui signifie soit qu'elle ignore tout des termes juridiques et dans ce cas elle est assez mal placée pour en parler en étant ministre avec la nécessité, cependant, d'être un minimum juridiquement compétente pour justement traiter du cas des violences faites aux femmes, soit, et ce serait pis, elle le connaît et l'emploie volontairement à mauvais escient. Cela ne s'arrête pas là car elle nie le drame passionnel alors qu'elle ne connaît strictement rien du dossier, que l'inculpé n'est pas passé devant un tribunal et que ces éléments ne sont connus que de la justice et des avocats. Il s'agit là d'une faute très lourde dont on minimise la réalité. Elle bafoue le droit de la défense, elle bafoue les faits elle nie ce que l'on appelle les circonstances atténuantes. Pour cet homme, comme il s'agit de son épouse, en cas de condamnation la durée de détention sera augmentée par rapport à un meurtre autre que celui de ce genre. On aggrave la peine. D'un autre côté, les circonstances atténuantes ne sont pas là pour nier ou excuser mais donner une explication qui laisse la place au fait que sans ces circonstances jamais il n'y aurait eu de meurtre. On ne peut les ignorer. Donc parce que c'est un homme, du reste elle le dit, il n' y a jamais de circonstances atténuantes. C'est a priori 100 % de culpabilité. Cependant quand François Hollande gracie partiellement une femme qui tue son mari de deux balles dans le dos, crime prémédité, on accepte les circonstances atténuantes. Où est donc l'égalité de jugement, de vision ? Un femme moins coupable car femme, un homme plus coupable parce qu'homme ? La sortie de madame Schiappa devrait lui donner droit à un procès en diffamation pour avoir parler d'assasinat surtout si ultérieurement cet homme était condamné pour meurtre, et pour avoir nier les circonstances alors qu'elle n'en connaît rien. - Entendons nous bien cet homme ne mérite pas de compassion, s'il a étranglé son épouse, dissimulé son corps, joué la comédie en trompant l'émotion de tout un village, il doit être jugé. - Ceci impose aussi de connaître toute l'histoire et de voir le degré de sa culpabilité au-delà du meurtre qui lui est avoué dans un premier temps puis récusé, désignant son beau-frère comme le meurtrier. C'est le rôle de la justice et la nécessité de l'individualité des jugements. Cette sortie (parole libérée) est la résultante de cette folie de tout attaquer, de prendre le moindre prétexte pour montrer combien ce combat est légitime au risque de le desservir, en sur-multipliant l'indignation et l'esprit de vengeance, en négligeant toute précaution, en abandonnant toute mesure, jusque, même, à oublier un minimum de raison. Il ne faut pas confondre être sans pitié pour un acte ignoble et se révolter à l'extrême pour tout et rien, en aplanissant les différences on minimise les faits les plus graves et on finit par avoir un effet contraire à l'objectif visé. En fin de compte ce genre de réaction et un danger pour la cause défendue.

Ce qui va suivre est la réaction vigoureuse du premier février 2018 d'Edwige Roux-Morisot, procureure qui traite le dossier de ce meurtre - à noter que cette déclaration est postérieure à l'écriture de ce qui précède dans ce que j'ai écrit plus haut parlant de l'intervention de Madame Schiappa, ministre, lui donnant une certaine valeur - propos que l'on aurait aimé que la presse mette dans son entier car ils sont courts et retranscrits ici dans leur intégralité : « Il n'était pas question pour moi de communiquer à nouveau sur cette information judiciaire, et si je vous ai demandé de venir ce soir, ce n'est pas dans l'idée de participer à cette surenchère médiatique, Ce n'est pas non plus, rassurez-vous, pour vous donner, à la presse en général et à d'autres, des leçons de déontologie, ni de morale, je n'en ai ni la compétence ni le pouvoir, quand bien même j'en aurais l'envie. Je voulais, juste, vous faire part tout de même, de mon souhait de voir la justice reprendre sa place qui est la sienne, celle que vous lui aviez au cours de ces trois derniers mois laisser prendre en permettant aux enquêteurs de faire la lumière - et Dieu sait s'ils l'ont fait avec grand talent sur ce meurtre et d'en interpeler l'auteur présumé. L'information [judiciaire] ne s'arrête pas là. D'autres investigations doivent être effectuées loin de cette terrible pression, à l'abri de ce qui la pollue, la détourne du chemin de la recherche de la vérité, à l'abri de ces violations répétés et inadmissibles du secret de l'instruction. Ni les enquêteurs, ni le juge d'instruction ne peuvent prendre la parole pour défendre leur travail. Alors, puisque la loi le permet, c'est moi, procureure de la République, qui la prends pour porter la voie de la raison au milieu de cette folie médiatique qui oublie que derrière cette histoire qu'on déroule de manière aussi indécente se joue le destin d'un homme qui doit bénéficier de la présomption d'innocence bafouée chaque jour depuis son interpellation. De rappeler qu'il a le droit modifier ses déclarations, de les préciser, de les ajuster, et ce tout au long et jusqu'à l'issue de l'information judiciaire. La présomption d'innocence que l'on bafoue, c'est son procès que l'on fixe déjà. Son profil psychologique que l'on évalue, et c'est aussi lorsqu'il est affirmé qu'il sera déjà condamné et que la date de son procès est quasiment fixée, juste rappeler, juste rappeler, à tout ceux qui vous regardent et à tout ceux q doivent croire en la justice et savoir ce qu'elle représente, que cette valeur fondamentale de la présomption d'innocence et du secret de l'instruction ne se marchande pas. Et puis cette affaire, enfin, est aussi une jeune femme, morte il y a si peu de temps, dans des conditions terribles et dont la mémoire est, chaque jour, salie un peu plus. C'est tout ce que j'avais à vous dire ».

Elle a donc remis à sa place la ministre et les avocats du suspect. Il faut comprendre que l'enquête n'étant pas terminée l'intervention outrancière de madame Schiappa peut entraîner des modifications de témoignages non encore reçus, et que visiblement non seulement elle a bafoué un principe intangible de la présomption d'innocence, mais qu'elle a émis un jugement et fait des affirmations à propos de circonstances dont elle ignore tout. Elle a tout autant jugé et condamné avant que la justice ne se prononce. Dans le même cadre, les avocats ont eux aussi donné des informations propres à perturber la suite de l'enquête. Remarquez que madame Edwige Roux-Morisot, est une femme, qui plus est d'expérience et qui donc a vu passer devant elle de nombreux délits en en connaissant tous les éléments et donc particulièrement tous ceux du dossier de ce meurtre ce qui, dans ce qui l'oppose aux déclarations de la ministre une supériorité insurmontable impliquant que ses propos sont à prendre au sérieux. Et a posteriori qu'en est-il de la déclaration de la ministre maintenant que le supposé coupable s'est rétracté et qu'il accuse son beau-frère ?

Lors de sa déclaration madame Schiappa a utilisé un mot lourd de sens celui de **féminicide**, qui veut dire tuer une femme pour ce qu'elle est. Il est vrai que ce mot est brandi concernant les 123 femmes mortes sous les coups. C'est une sorte d'étendard pour légitimer le combat.

Donnons la parole à Alexia Delbreil, psychiatre, médecin légiste et spécialiste des meurtres conjugaux - évitons de lui faire d'avance le procès d'intention quelle serait subordonnée aux hommes, complices des meurtriers. - *Le Monde* du 1er février 2018 :

« Je ne suis pas partisane du mot « féminicide », qui est très en vogue actuellement. **C'est un mot qui a une connotation militante plus que scientifique ou criminologique**. Le féminicide correspond au fait de tuer une femme parce qu'elle est une femme. Cela ne suffit pas à définir l'homicide au sein du couple où il existe bien d'autres enjeux. Je ne pense pas que cela s'applique sur ce cas.

Plus de 80 % des victimes de meurtres conjugaux sont des femmes, mais un meurtre dans la cellule familiale est particulier. La famille est un milieu clos, avec sa propre dynamique intime qui crée diverses motivations à l'origine d'un passage à l'acte violent. Cette dynamique intime n'intervient pas dans tous les féminicides. L'homicide conjugal est une entité particulière. »

En somme il y a des féminicides quand l'unique ou principale cause est le fait d'être femme pour la victime, sinon ce sont des rapports complexes de couple, des conflits violents - tout comme un conflit entre deux hommes peut entraîner la mort d'un des deux - qui sont à l'origine du meurtre. Bien évidemment on ne peut évacuer que dans le cas d'un couple, la différence femme/homme n'est pas étrangère car des récriminations peuvent avoir pour support la nature de la personne plus tard victime. Ce qui est très important dans cette remarque d'Alexia Delbreil est que le féminicide est beaucoup plus rare que les FIDs, le gouvernement, les journalistes veulent faire croire et que la principale cause est la violence en elle-même, que les conflits y ont une grande part et que ce n'est pas parce qu'elle est femme qu'une femme, majoritairement, est tuée. Cette réalité est dérangeante et quasi mortelle pour les FIDs, aussi faut-il ne pas la montrer et au contraire, non seulement la nier, mais lancer l'anathème sur ceux qui en parleraient les dénonçant comme les complices objectifs et volontaires des meurtriers. Ce qu'il faut dire et faudra répéter est qu'un mauvais diagnostic entraîne de mauvaises solutions et aussi qu'il faudrait peut-être s'attaquer à la violence en elle-même et non seulement celle réservée aux femmes. A moins qu'il faille considérer qu'une vie d'un enfant ou d'un homme est moins précieuse que celle d'une femme et donc en tirer les conclusions et conséquences. À ce propos ne trouvez-vous pas étrange que l'on ne fasse que des campagnes en dénonçant le meurtre des femmes et jamais rien pour dire halte aux meurtres en général (et aux meurtres des hommes) ? Pourquoi n'y aurait-il pas une campagne nationale permanente pour tenter de faire baisser la criminalité des meurtres alors qu'il y en a 800 au total ? et pourquoi devrions nous nous focaliser sur les seuls de femmes (123) ? Est-ce à dire que les plusieurs centaines d'hommes tués ne compte, non seulement que bien moins que les 123 femmes femmes, mais pas du tout ? Citez nous une seule campagne contre le meurtre en général. Vous pouvez toujours chercher. Notre société accepte donc le meurtre si c'est un homme qui en est la victime, mais non si c'est une femme ? La vie d'une femme est donc infiniment plus précieuse que celle d'un homme, fut-il bon, généreux, innocent de tout méfait.

Madame Schiappa, pour revenir à elle, développe, enfin, un argument d'autorité. Quand elle dit : « Il faut arrêter de minimiser les violences conjugales, arrêter de trouver des excuses. », cette phrase laisse sous-entendre que tout le temps tous les Français minimiseraient les violences conjugales, et leur trouveraient des excuses. Cette phrase est une affirmation, sans nuance, à valeur de vérité permanente alors que l'on ne cesse de parler des violences conjugales et de les condamner. Faut-il lui faire lire les compte rendus des déclarations depuis vingt ans de tous les ministres et de tous les députés, de tous les responsables politique, journalistes, philosophes, enseignants, chercheurs qui en ont parlé ? Qu'il y en ait dans la masse qui aient pris le parti de ce qu'elle dénonce c'est aussi une réalité, mais on peut dire qu'une écrasante majorité a fait le contraire.

Madame Schiappa bénéficie d'une incroyable indulgence tant des journalistes que des politiques et pourtant ses déclarations sont gravissimes. Il y a, cependant, un psychiatre, de grande réputation, expert auprès des tribunaux, spécialiste des affaires de viols qui en a parlé en des termes extrêmement sévères lors d'une émission de LCI le samedi 7 février 2018. Il s'agit de Paul Bensussan, dont on reparlera plus tard. Il a évidemment condamné la requalification inadmissible en assassinat alors que l'homme n'est mis en examen par la procureure que sous le chef de meurtre, procureure qui connaît non seulement mieux les lois que madame Schiappa (on le suppose) mais surtout le dossier dont la ministre ignore tous les détails et ne connaît que les sorties dans les journaux. Cet expert est revenu aussi sur un aspect peu développé par ailleurs : madame Schiappa fait fi de l'individualisation d'un jugement et pis encore de l'étude du contexte qui pour elle disparaît dès qu'il s'agit d'un homme. On peut requalifier de façon extravagante l'assassinat d'un mari par sa femme par plusieurs balles dans le dos comme de la légitime défense **différée** ! mais on ne peut pas étudier les circonstances lorsque c'est un homme qui tue sa femme. Tout dans la déclaration de madame Schiappa est scandaleux et mériterait une démission pour le moins. De plus elle ment - nous avons le contenu de ses paroles - quand elle dit qu'elle ne parlait qu'en terme généraux - ce qui est faux - mais ce qui ne change en rien le fond - même en termes généraux - quand il s'agit de dire que dès l'instant où un homme tue une femme, c'est un forcément féminicide, et il n'y a aucun contexte à étudier. Madame Schiappa a agi en militante extrême et non en ministre et ne rend pas service à la cause qu'elle est censée défendre.

Il y a un conseil que l'on pourrait donner à Madame Schiappa, c'est de regarder l'émission de France 2 du dimanche 18 février 2018 concernant l'assassinat d'un chef d'entreprise en 2012 par Betina Beau. Tout au long de l'émission, et, avant, du procès, on cherche à comprendre, on cherche à individualiser son acte afin de savoir ce qui l'a poussée à assassiner ce chef d'entreprise. Son avocat a cherché les causes profondes, peut-être aussi des circonstances atténuantes. Ceci est pour montrer que ce n'est pas parce que c'est un homme qu'il ne faut pas individualiser son cas et en chercher les causes, ce qui n'est en aucun cas pour excuser son geste, mais ce qui est bien le fonctionnement sain de la justice. Dans le cas de Betina Beau, même la femme de la victime a dit comprendre l'assassin de son mari (c'est surprenant non ?) et lui a pardonné. Peut-on imaginer une solidarité féminine ? Ce n'est pas le lieu ici de juger du fond de l'affaire de Betina Beau, mais c'est bien le lieu d'un comparatif pour dire que dans ce cas c'est une femme qui assassine (dans son sens juridique, avec préméditation) un homme et que malgré tout, la justice cherche à comprendre pour déterminer un jugement au plus juste et le plus juste, ce que madame Schiappa refuse à un homme le condamnant d'avance en plus requalifiant l'acte et ne lui autorisant aucune étude afin de comprendre pourquoi il a agi ainsi, uniquement parce que la victime est une femme. Egalité ?

La démarche des FIDs est plus qu'étrange. Sur quelle terre veulent-ils vivre? Ils nous disent non c'est non. Mais pour dire non, encore faut-il qu'il y ait une proposition. Or si la proposition est présentée comme une agression, comment dire non car on interdit la proposition ? La réflexion doit aller bien plus loin. De plus, un homme ne devrait tenter quoique ce soit sauf quand la femme sera réceptive. On fait plus qu'inverser la proposition. Tout de suite nait un problème : réceptive à tous, à quelques uns, à un seul ? Réceptive par besoin de combler sa solitude, car besoin d'un rapport sexuel (à moins que les femmes n'aient jamais aucun besoin, aucune envie) ? Si elles affichent leur disponibilité, que deviennent-elles si ce n'est de la marchandise offerte ? Et il faudrait donc que l'homme ne soit plus que le toutou qui ne s'autorise à agir que quand la femme le voudra, qui vient quand on le siffle ? Ce serait donc la femme qui le soumettrait à son bon vouloir ? Si le bon vouloir de l'homme est condamnable, en quoi le bon vouloir de la femme serait-il, lui, justifié ? Parce qu'elle serait d'essence supérieure ? On se trouve devant un dilemme insoluble : soit la femme décide, soit l'homme décide. Dans l'état d'esprit des FIDs, seule la femme a le pouvoir de décider. De quel droit ? Dans ce cas si l'homme n'a pas le droit de décider, la femme non plus. Je vous laisse imaginer les rapports futurs.

Cette conception des FIDs révèle deux problèmes. Le premier sous-tend, finalement, que les rapports sexuels sont au minimum ennuyeux au pire une torture. N'oublions pas, qu'en général, nous parlons de gestes - hormis les brutes finies - où il y a de la tendresse, de l'amour (à espérer) et souvent au bout du plaisir. Ne savent-ils pas que le rapport sexuel se traduit par : faire l'amour ? Hors ce fait qui voudrait que les rapports sexuels ne seraient qu'une corvée, il y a cet autre aspect qui est ce que les enfants font pour leurs parents, par exemple, ou une mère pour ses enfants (comme travailler durement pour leur offrir un monde meilleur au sien), ce qui se fait entre amis : tout simplement faire plaisir à un proche, et encore plus à une personne que l'on aime. Il est évident que l'on n'est pas toujours dans de bonnes dispositions. De la fatigue, de l'irritation, des soucis. Rappelons, qu'a priori il ne s'agit pas d'un acte de torture, que deux personnes qui ont décidé de vivre ensemble devraient pour le moins bien s'entendre, et s'aimer ce qui ne serait pas si mal. Avec cet apriori, on peut se dire que le non c'est non, ne tient absolument pas compte des rapports amoureux, de la volonté de faire plaisir, et même à son détriment. Entre le oui avec un désir intense, et le non pour de profondes raisons, il y a un large panel de non qui peuvent devenir un oui, non contraint de façon absurde, mais choisi quand bien-même ce ne serait pas avec un enthousiasme débordant. Ce n'est pas une acceptation d'être dominée, ou alors c'est être dominé chaque fois que quelqu'un fait plaisir à un proche bien que ce qu'il fasse ne lui plaise pas vraiment. Faire plaisir fait partie de la vie, même contre ses envies et ses intérêts car on place au-dessus de notre intérêt celui de la personne à qui l'on veut, vraiment, faire plaisir. Ejecter cette notion de faire plaisir ou la remplacer par le terme de domination c'est finalement ne rien comprendre à la vie ou alors vivre dans un monde autocratique dont le pouvoir est dévolu aux femmes. Tout ceci concerne évidemment ce non c'est non dans les rapports entre femme et homme d'un couple. Lorsqu'il s'agit d'une rencontre nouvelle, ce n'est pas faire plaisir qui intervient, mais la possibilité qu'une chose puisse se passer. Non c'est non interdit toute nuance. Comme dit plus haut, pour dire non il faut qu'il y ait une demande et si chaque demande est considérée comme agression, il n'est plus possible de dire non car il n'y a plus de demande. Et s'il faut attendre que la femme se mette en mode « on » (peu élégant certes) cela veut dire que l'on nie l'égalité car alors c'est l'homme qui devient le dominé de la femme.

Comment s'en sort-on ? Comme c'est le cas dans la vie d'aujourd'hui : en condamnant les extrêmes, mais en acceptant tout simplement que le hasard agisse et fasse que telle femme sera abordée par tel homme, elle a priori non consentante, telle femme ne sera pas abordée par tel homme et pourtant désireuse de l'être et il arrivera que telle femme sera abordée par tel homme tous deux le souhaitant et telle femme abordera aussi tel homme comme cela arrive. C'est cela la vie. Un homme a de l'attrait pour une femme, il essaye, elle n'est pas intéressée, ou elle le deviendra, ou elle l'est. Ce n'est que comme ça que la vie est la vie. Faire ce slogan non c'est non, ne laisse aucune place aux situations plus floues, à la subtilité et pousse les femmes, toutes les femmes à une prison intellectuelle, celle de la brutalité du refus systématique, tout en évacuant totalement de leur pensée et de leur émotion la notion de donner. Dans un couple, il peut y avoir un non transgressé qui finisse bien, ou que la femme accepte comme un oui, non parce qu'elle est dominée, mais parce qu'elle l'aime et qu'à ce moment-là elle a tout simplement envie de lui faire plaisir. Sont exclues, évidemment, les contraintes violentes, ou quand le non ne peut devenir un oui. Les FIDs ne connaissent la société que comme un rapport de force (tiens comme l'autre qui dit : si tu n'es pas avec moi tu es contre moi), et ne comprennent pas la nuance et les sentiments. Ils sont en lutte. Les révolutions veulent des têtes et du sang.

Comme l'a démontré Elisabth Badinder, et que nombre d'études prouvent, il y a chez les femmes 40 % de non qui ne sont que des jeux érogènes, ou parfois une manière de tester la solidité des engagements de son partenaire. Cette proportion est importante. Importante et pose un véritable problème dans les deux directions : du coté des cas où ce n'est pas un non. Car s'il faut à l'avenir considérer tous les non pour des non absolus, il aura des dégâts et des frustrations tant pour la femme que pour l'homme. Et du côté des cas où c'est un vrai non, si l'homme se servait de cet argument pour dire qu'il avait pris ce non pour un jeu.

La France est le pays européen le plus sévère en matière de répression des agressions sexuelles. C'est aussi la France qui détient le record de détenus pour viols. Sa législation a basculé de la circonstance atténuante par la vie en couple en circonstance aggravante. Ainsi le viol au sein d'un couple est-il condamné au maximum à 20 ans de prison contre 15 pour le viol par un inconnu. Or dans un couple, la notion de viol est tellement élargie, que l'on fait une assimilation à ce qui parfois peut simplement être considéré comme un dégoût, au viol par un inconnu avec brutalité où la vie est en jeu. Il paraît parfaitement logique que le viol brutal d'un inconnu, entraînant un sentiment élevé de risque de mort, est beaucoup plus traumatisant que la relation sexuelle avec un mari non violent qui dégoûte sa femme ou sa compagne.

Cette aggravation de la loi dans un couple renvoie dans ses cordes Madame Schiappa qui dit qu'il faut cesser de minimiser les violences d'un homme contre une femme dans un couple. Elle déclare cela comme si c'était un fait commun, comme si la France et les Français dans leur ensemble (la tournure impersonnelle englobant tout et tout le monde) minimisaient ces violences, alors que c'est tout le contraire. Elle confond l'extrémisme de son combat, certains cas où il y a des minimisations, avec la grande majorité où c'est l'aggravation qui est en soulignée.

La législation voulant simplifier autorise des mélanges sans nom, pousse à ce que ce soient aux hommes à prouver leur bonne foi, ce qui dans certains cas est quasi impossible. Il y a pis, c'est que l'on arrive à pouvoir requalifier un acte a posteriori, ce qui était assimilé consentant, peut devenir sous le coup d'une dégradation des rapports ultérieurs comme non consenti et donc comme un viol. Les mots ont un sens et une connotation. Employer le même terme de viol entre un viol par un inconnu sous la menace avec risque de mort, et une relation sexuelle avec son mari sans consentement clairement défini, est aberrant et amène tout au même niveau. S'il faut condamner les rapports non consentis on ne peut en aucun cas les assimiler à des viols. Par ailleurs il semble qu'il n'y ait même plus besoin de prouver l'intention de violer (comme si avoir une relation sexuelle sans consentement clair était assimilable à la volonté de violer). Par exemple dans un meurtre il y a l'expression : ***sans intention de la donner*** (la mort), ce qui prouve l'importance de l'intention. Ici il la notion d'intention disparaît totalement. Le mari est ontologiquement un violeur. Paul Bensussan, dont on a déjà parlé, psychiatre, expert auprès des tribunaux, qui a traité un nombre élevé de viols nous dit ceci le 21 novembre 2017 (in *Gazette du Palais*): « Mais en introduisant une différence juridique entre « céder » et « consentir », on fait de l'éprouvé psychologique de la victime le principal constituant de l'infraction. Sans que l'on s'interroge suffisamment sur l'intentionnalité du mis en cause,

on attend du procès pénal la confrontation impitoyable de deux subjectivités. [...]
Le décryptage des signaux sexuels n'est pas univoque et les études que nous citons devraient faire nuancer le discours féministe radical : « Quand une femme dit non, c'est non ». On oublie que, pour être reconnu coupable de viol, il faut avoir voulu violer. C'est un principe cardinal du droit pénal qu'un comportement incriminé ne tombe sous le coup de la loi que s'il est commis « intentionnellement », « sciemment » [...]

Notre expérience psycho-criminologique nous montre que la population des sujets condamnés pour viol est hétérogène : le violeur des rues n'a rien à voir, sur le plan psycho-pathologique, avec le conjoint ou ex-conjoint aveugle ou égocentrique. Le premier suscite avant tout l'effroi, le second la répulsion. [...]

C'est pourquoi l'usage du seul terme de viol pour désigner des infractions aussi différentes est réducteur. On pourrait opposer le viol (avec la représentation de violence et d'effraction qui y est généralement attachée) à la « sexualité imposée » (ce qui ne revient aucunement à banaliser cette dernière, avilissante et génératrice de dégoût). Les droits de l'individu n'y perdraient rien et la terminologie juridique gagnerait à s'enrichir de nuances que son stock lexical ne permet actuellement pas de prendre en considération. »

Il faut ajouter une comparaison significative. Lorsqu'une personne est tuée le coupable peut être accusé d'actes ayant entraîné la mort **sans intention de la donner**, de meurtre (sans préméditation) et enfin assassinat (avec préméditation). Comme vous le voyez il y a une gradation et surtout apparaît la notion d'intention. On a l'impression que pour une agression sexuelle ou un simple rapport non souhaité, tout se met au niveau de la plus grave (viol avec violence) sans que la gradation n'intervienne ni surtout, surtout sans que intention ne soit prise en compte. Pourquoi dans la mort d'une personne causée par une autre personne pourrait-on intégrer la notion d'intention et non pour ce qui est immanquablement désigné comme un viol y compris quand ce ne serait que contraint et sans violence d'autant que la notion de contrainte, et encore de prise par surprise, laisse toute latitude à une femme de pouvoir en abuser pour considérer tout acte comme un viol ? Il y a là un grave problème de fond et plus encore de déni d'un fonctionnement juste de la justice. Cette notion d'intention est à développer, et pour en revenir aux chiffres, dans une étude dont a parlé le *Nouvel Observateur du* 22 février 2018, réalisée par l'IFOP à la demande de la fondation Jean-Jaurès. On y apprend qu'au cours de leur vie 12 % des femmes auraient été violées (une fois, quelque fois, de nombreuses fois), ceci à partir d'un échantillon de 2000 personnes par Internet. Autant le dire tout de suite la conclusion va en être que 12 % des hommes violent les femmes. Et plus loin  on trouve que 58 % ont subi un comportement déplacé et 57 % des propositions dérangeantes. Ce qui a permis sans doute à Caroline de Haas de dire qu'un homme sur deux ou sur trois était un agresseur sexuel, et a permis à tous ses soutiens de dire qu'elle avait bien raison. Comment peut-on laisser circuler de tels chiffres sans prendre un peu de recul et laisser croire que donc 57 % des hommes ont des comportements déplacés et 12 % violent les femmes ? Pourquoi est-ce ahurissant ? D'abord dans les 12 % qui sont déclarées comme violées on se doit de regarder de plus près cette catégorie. On y trouve : pénétration avec violence, contrainte ou par surprise. On a aucune répartition des différents types de pénétration. Personne ne peut sans trahir la plus petite honnêteté intellectuelle dire que les conséquences sont les mêmes et surtout on ignore totalement s'il y a intention manifeste de violer la femme. Le deuxième biais déjà révélé est que c'est au cours de leur vie entière. Or une femme croise bien évidemment plus d'un homme au cours de sa vie. Les sondeurs ont oublié de demander à chaque femme qui a répondu combien elle avait eu de partenaires différents. Ceci est essentiel pour déterminer combien d'hommes sont concernés et donc pour en tirer un pourcentage réel. 12 % des femmes tout au long d'une vie ne peut en strictement en aucun cas être le même pourcentage chez les hommes. Nous avons déjà vu tous ces chiffres plus haut tramant le taux de violeurs passant à l'acte à 0,5 % des hommes. Du reste il y a une assez forte contradiction entre ces chiffres qui ont abouti à 0,50 % avec le rapport admis entre le nombre de dépôts de plainte par rapport à celui des agressions . En effet 39 % ont déclaré avoir porté plainte et 24 % une main courante. On est donc très loin de l'affirmation que seulement une femme sur 7 ou10 porte plainte. Si cette étude est juste il va falloir réviser considérablement le nombre de viols tenant compte des non déclarations, et le diviser alors au moins par trois. Réfléchissez à ce qui suit car c'est extrêmement important. On annonce pour 2017, 16 400 plaintes pour viols **et tentatives de viols**. Si nous considérons l'étude de l'IFOP comme juste 39 % des femmes ont porté plaintes ce qui nous donne comme chiffre 16 400 / 39 % = 32 051 et viols et tentatives de viols. Ont est très très loin des 220 000 viols supposés par an. Et il y a un point qui est exclu de ces estimations. Il arrive que des plaintes ne soient pas suivies au tribunal par une condamnation. C'est parce qu'il manque de preuves ou que le délit n'est pas caractérisé. Il y a deux raisons essentielles : la victime est réelle mais n'a pas pu ou su prouver l'agression ou tout simplement il n'y a pas eu agression. On tire une extrapolation chiffrée à partir non des viols prouvés, mais des plaintes y compris les fausses plaintes, tout en associant tentatives et viols en disant que seulement un certain pourcentage porte plainte, permettant ensuite dans un raccourci douteux de parler uniquement de viol et comme ce chiffre extrapolé, non seulement certain mais aussi sans doute minimisé.

Il faut sans cesse le rappeler, le fait de chercher à mettre à leurs juste valeur ne veut en aucun cas cautionner les agressions sexuelles, ni les pardonner, ni nier la souffrance des femmes. Il s'agit de remettre à sa juste place le pourcentage des hommes malfaisants et de cesser de culpabiliser l'ensemble des hommes et de faire croire avec ces chiffres bruts de 12 % - à noter que dans les études du ministère ce chiffre est de 3,7 et non 12 - , en oubliant que c'est tout au long de la vie, que d'une part ce serait un majorité des hommes et ensuite qu'ils passeraient leur vie à insulter, draguer brutalement et abuser les femmes. Il serait du reste intéressant de faire un étude afin de savoir combien d'hommes sont insultés violemment par des femmes. Non pour dire, elles aussi le font, mais pour analyser le degré de violence respective et la violence inhérente à la nature humaine.

Pour en terminer avec ces chiffres de l'IFOP, il serait primordial d'analyser ces viols (toujours en tenant compte de l'amalgame sulfureux de pénétration avec violence, contrainte ou par surprise) au regard du nombre de rapports sexuels. Et vous comprendrez pourquoi c'est primordial. On considère qu'en France il y a en moyenne au cours de sa vie sexuelle quelques 2 000 rapports. Cette étude de l'IFOP prenant en compte tous les âges, on va essayer de prendre une cote mal taillée en utilisant un chiffre de 600 comme moyenne, bien inférieur à 2 000. Comme il s'agit d'un pourcentage prenons la base 100. Au global il y aurait eu 60 000 rapports sexuels pour ces 100 femmes. 8 ont déclaré avoir subi un viol, 3 quelques uns (mettons 5 de moyenne ce qui est déjà beaucoup) et 2 de nombreux (mettons 10 mais ce doit être extrêmement rare sauf si c'est avec le même homme ce qui biaise les résultats). Globalement nous avons 8 X 1 + 3 X 5 + 2 X 10 = 33. Nous avons donc 33 viols dont ceux contraints et avec surprise sur 60 000 rapports sexuels soit 0,055 %. Vous avez bien lu 0,055 %. Comme dit plus haut, cela ne nie en aucun cas la souffrance de ces femmes mais cela veut dire que dans l'immense majorité des cas, vraiment l'immense majorité des cas il n'y a pas de viols dans les rapports sexuels. Pourquoi est-ce important ? Tout simplement parce qu'avec ces chiffres bruts sans analyse, sauf celles pour enfoncer les hommes, cela donne l'impression que l'acte sexuel n'est qu'une domination brutale des hommes sans aucun désir des femmes. En utilisant ces chiffres dans leur réalité de leur ensemble, on a une image totalement différente de ce que nous imposent les FIDs et les media.

Il y a un autre biais qui est le rapport absolu sans tenir compte de tout le reste. Quel est le rapport du nombre de paroles déplacées par rapport à l'ensemble des paroles que ces femmes ont eues de la part des hommes ? Car là on a l'impression que chaque fois qu'un homme parle c'est pour agresser une femme ou lui parler de sexe. Les femmes ont-elles ou non des paroles déplacées envers les hommes ? Des paroles sexuelles d'une part ou insultantes d'autre part ? Les femmes envoient-elles des SMS à caractère sexuel ou jamais ? S'il est évident que la nature des comportements, de la différence physiologiques, biologiques et physiques ont des conséquences, que les femmes sont d'évidence plus agressées par les hommes que les hommes ne le sont par les femmes, il faut mettre le tout en perspective et ne pas voir le seul aspect la femme subit tout de l'homme parce quelle est femme et ce sans nuances ni dans les actes ni dans les intentions. Pour se donner une idée en 2017 il y a eu en moyenne 777 agressions par jour. Le hommes agressent infiniment plus les hommes que les femmes.

Il y a un point dont on ne parle jamais et qui pourtant est d'une **importance capitale**. Personne ayant un minimum d'honnêteté intellectuelle ne pourra pas ne pas changer, si nécessaire, sa vue concernant les rapports homme/femme en lisant ce qui suit :
*D'après les données du <u>Baromètre santé 2016</u>, 18,9 % des femmes et 5,4% des hommes de 18-69 ans déclarent avoir déjà été confronté.e.s à des rapports forcés ou à des tentatives de rapports forcés (Tableau V). Les données recueillies ne permettent pas de savoir si la définition des rapports contraints est la même pour les femmes et les hommes. Rappelons que ces chiffres fournissent des estimations a minima du phénomène, tant il est difficile pour certaines personnes d'en faire état dans le cadre d'une*

*enquête. Comme dans les enquêtes précédentes, les personnes qui ont eu des partenaires du même sexe déclarent beaucoup plus de rapports forcés ou de tentatives de rapports forcés que celles qui n'ont eu que des partenaires de l'autre sexe. C'est le cas de 49,3 % des femmes ayant eu des rapports homosexuels dans leur vie (contre 17,1 % des femmes hétérosexuelles) et de 25,5 % des hommes qui ont eu des rapports homosexuels (contre 4,6 % des hommes hétérosexuels).*

Voici une autre étude (© Garance ASBL janvier 2006), extrêmement importante pour notre sujet, rapportée ici :
*Violences entre femmes*
*Bistrot lesbien, 10 janvier 2006, Irene Zeilinger*
*J'ai commencé ma carrière d'autodéfense il y 15 ans quand on disait « chaque homme est un violeur potentiel ». Depuis, la lutte contre les violences a évolué, et un nouveau sujet a été intégré : la violence de la part des femmes. Ceci est un compte- rendu de mes propres réflexions, du travail de Garance et d'autres. Garance a participé pendant 3 ans à un projet européen sur les violences faites aux lesbiennes, dont une année était consacrée à la violence dans le couple lesbien. Je laisse de côté le sujet des maltraitances par les femmes à l'égard des personnes où elles ont la responsabilité de soin (enfants, seniors). Bien sûr, ce serait un sujet oừ beaucoup de victimes, sinon une majorité, sont des filles ou des femmes âgées.*
*[...]*
*Une plus récente étude en France démontre que beaucoup des femmes ont vécu de la violence physique âge adulte de la part de leur mère ou belle-mère : 8,5% rapportent des brutalités physiques, 7,4% des agressions physiques et 1% des tentatives de meurtre.*
*[...]*
*Dans la famille : 32,2% des lesbiennes ont vécu de la violence de la part de leurs mères, 9,5% de la part de leurs sœurs, 2,2 de leurs filles et 12,3% de la part d'autres membres féminins*

*de la famille. Plus qu'un tiers de lesbiennes a vécu de la violence au sein de leur famille d'origine, surtout de la part de leurs mères.*

*[...]*

*Les femmes lesbiennes sont autant capables de violence psychologique, physique, sexuelle et économique que les hommes. Au contraire de certaines croyances, ce n'est pas automatiquement la femme plus butch du couple qui devient violente.*

*[...]*

*Mais la violence entre lesbiennes existe aussi à l'extérieur du couple : entre concurrentes romantiques, politiques et autres, entre lesbiennes qui l'ont toujours su qu'elle l'étaient et baby-butches, entre lesbiennes avec différentes origines culturelles, socio-économiques etc., avec différentes préférences sexuelles, différentes croyances politiques et religieuses, différentes réalités de vie ... La violence prend la forme de bagarres de boîte, rumeurs, diffamations, discriminations, exclusions.*

Que veulent donc dire ce rapport (ce texte copié sans modification) et cette étude Garance ? Cela veut dire qu'entre femmes dans un couple homosexuel il y a, en proportion, près de deux fois plus de rapports forcés ou des tentatives par des femmes que par les hommes dans les couples hétérosexuels. Si cela ne change pas votre vue, au cas où elle aurait à être changée, c'est que vous avez un immense problème avec l'intégrité intellectuelle. Trois fois c'est beaucoup. Près de 50 % c'est énorme. Cela veut donc dire que ce n'est pas la structure mentale de l'homme qui pousse à forcer un rapport mais le fait que dans un couple une des deux personnes peut dominer l'autre que ce soit un homme ou que ce soit une femme. L'autre étude indique qu'il y a dans les couples lesbiens jusqu'à un quart de violences, y compris sexuels. On arrive même à 1 % de tentative de meurtre contre une femme lesbienne par une autre femme. La conclusion est évidente. La violence physique, morale, financière et sexuelle est congénitale au couple et à la nature humaine. Cela ne veut en rien dire que c'est souhaitable, que c'est permanent et universel. Cela veut juste dire que le fait de vivre en couple est possiblement générateur de violence à cause justement d'une grande promiscuité, de divergence d'intérêt et de force soit physique soit psychologique. Dès l'instant où il y a deux personnes, des instants nombreux de vie en commun, de besoin, de nécessité, de problèmes exogènes et endogènes, peut naître la violence, et cette violence est plus physique quand c'est un homme qui a la force pour lui, mais peut être psychologique quand c'est la femme qui domine, et elle s'exerce aussi entre femmes d'un couple homosexuel. Comme le montre Garance, les violences entre femmes (mère, fille, ou entre homosexuelles concurrentes) sont réelles, bien qu'occultées comme celles contre les enfants. Dans les campagnes des violences faites au femmes, pourquoi donc sont oubliées celles exercées par des femmes ? Pourquoi le discours ne condamne-t-il, ne laisse-t-il entendre, que ce ne sera que l'homme le responsable et coupable (et généralement du simple fait qu'il soit un homme sans tenir compte de la nature humaine en général, des conflits générés par la jalousie, le désir, l'envie, le dégoût tous ces sentiments communs, même à des degrés divers, tant aux femmes qu'aux hommes) et ce de par sa nature et de par le fait d'une société phallocrate ? Retenez ces chiffres primordiaux de rapports forcés ou tentatives : **C'est le cas de <u>49,3 %</u> des femmes ayant eu des rapports homosexuels dans leur vie (contre <u>17,1 %</u> des femmes hétérosexuelles).**

Nous sommes entrés dans une spirales de la dénonciation et de l'incapacité à prendre du recul. Ce sont les associations humanitaires qui se flagellent et pour lesquels on fait les gros titres pour des agressions sexuelles par leurs membres. Quand vous regardez le détail vous vous apercevez qu'il y a eu 23 employés  de l'OXFAM mis dehors et 16 autres cas sont étudiés mais, en ce qui concerne le CICR, c'est 23 sur 17 000 personnes et pour Médecins sans frontières c'est 176 alertes pour 40 000 membres . On en est à des taux de

0,44 % pour ce dernier et le double s'il y a 50 % d'hommes. Dans ces cas il y a, en partie, usage de prostituées. On fait donc un cas médiatique de ce qui relève du cas général des violences sexuelles. Le taux est plutôt en dessous des statistiques et au lieu de rendre compte de ce fait (en-dessous) pour des associations qui œuvre pour le bien (OXFAM a aidé des dizaines de millions de personnes et son budget dépasse un milliard d'euros annuel), on monte en épingle des cas particuliers, qui plus est, sanctionnés. Comment une association caritative pourrait-elle passer totalement à travers un phénomène récurrent et malheureusement permanent ? C'est donc un dévoiement total de l'information car au lieu de faire ressortir que finalement il y en a moins que la moyenne, on les stigmatise parce qu'il y en a. Ce qui serait à stigmatiser c'est si ces associations ne prenaient pas de précautions lors des embauches, ne tenaient pas un discours rigoureux auprès des hommes et ne sanctionnaient pas ensuite quand les cas seraient avérés. Dans le cas contraire c'est une chasse aux sorcières, tout simplement.

Pour en terminer avec ces sondages, il ne peut que sembler ridicule du dernier qui a été réalisé fin février 2018 d'où il ressort qu'une femme sur trois aurait subi un harcèlement sexuel. Atteindre ce ridicule quand on lit le contenu du sondage devient quasi une œuvre d'art. Le titre est donc bien : *harcèlement sexuel*. Pour ces sondeurs, un harcèlement commence à une fois pendant toute un vie professionnelle (42 ans normalement) et en est un avec un effleurement de la main ! Aucune personne sensée peut accepter une telle affirmation. Un tel sondage ne peut que nuire infiniment à la cause des femmes par son outrance et son ridicule. Du reste, si nous en revenons à Caroline de Haas, un prochain interlocuteur devra lui demander combien dans les structures où elle travaille il y a d'hommes et comment elle fait pour travailler si autour d'elle il y a un homme sur deux ou sur trois qui a été ou sera coupable d'agression sexuelle et si elle n'a pas peur et si chaque fois qu'elle est entourée d'au moins trois hommes, étant donné qu'il y aura parmi eux un agresseur sexuel, elle ne s'en va pas en courant.


Dans toute la philosophie délétère des FIDs il manque finalement un aspect simple qui est l'amour. Pour eux toute tentative d'approche ne tient qu'à la bestialité de l'homme qui veut chasser sa proie. Heureusement il reste encore quelques hommes qui tombent amoureux et qui espèrent que ce sera réciproque et qui agissent. Ils ne sont pas à la chasse d'une proie. Ce terme de proie, de prédateur est insultant et faux. Et de plus il fait croire que seul l'homme voudrait faire l'amour, que seul l'homme jouit lors d'un acte sexuel. Admettons par ailleurs qu'un homme aime les femmes. Un homme doux, non violent, expert en la matière. Il va conquérir une femme. Est-ce pour autant que ce qu'ils appellent une proie, sera mal traitée ? Si son état d'esprit à elle est d'avoir une aventure passagère, alors qu'elle sera entourée, choyée, aimée physiquement, sera-t-elle une proie ? Et à propos de proie n'avez-vous jamais entendu parler des araignées qui tissent leur toile, ou de femmes qui lancent leur filet ?


Le grand danger de tout cela est de transformer les rapports dans notre société en une guerre. Le danger vient d'une déformation de la réalité au profit de théories, de philosophies néfastes d'un contingent limité d'idéologues sectaires qui devraient vivre entre eux, qui veulent que le monde soit celui qu'ils adulent. Les chiffres mêmes, les livres, les actualités, les comportements montrent que le monde qu'ils présentent n'est pas celui qui est. Il y a des viols, beaucoup, il y a des femmes tuées par leurs proches, trop, il y a des femmes traumatisées à vie, tout cela est une vérité tragique et intangible, mais non la société française n'est pas aussi terriblement et définitivement phallocrate comme présentée, non la société française n'est pas celle de la culture du viol. Oui il y a des injustices, mais oui il y a de la justice qui tente d'y remédier. La chasse à l'homme n'est pas le bon chemin pour aider les femmes, c'est au contraire le chemin pour les enterrer.

On parle très très souvent de l'inégalité salariale entre les femmes et les hommes. Cette information qui est martelée donne une impression assez fausse de la vie économique, tout au moins en France. Les journalistes font, en quelque sorte, comme si notre pays n'était composé que de salariés. Or non seulement il y a une distinction à faire entre privé et public, mais entre salariés et les autres catégories professionnelles. S'il ne faut pas nier les inégalités, il ne faut pas non plus faire croire autre chose que ce qu'elles sont. Les femmes ne se résument pas aux seules femmes salariées qui subissent des inégalités. En d'autres termes il faut mettre ce phénomène à sa place, certes toute sa place, mais rien que sa place.

Commençons par les biais statistiques. L'INSEE, lui-même, reconnaît qu'il n'a pas tous les éléments pour faire une analyse saine, comme par exemple l'ancienneté. Les statistiques sont générales et comparent parfois des choux et des carottes. Par exemple on va vous dire à diplôme égal un femme gagne forcément moins qu'un homme. Par exemple prenez deux Bac + 4. L'une est professeur(e) de Français dans un collège et l'autre est ingénieur dans l'aéronautique. Les deux secteurs n'ont strictement rien à voir, les salaires non plus. Peut-on dire que dans l'éducation Nationale (énorme employeur) - ou dans dans d'autres administrations pour d'autres métiers -, deux professeurs dans le même collège, habitant au même endroit, notés de même façon, ayant le même nombre de classes et de responsabilité (professeur principal par exemple), ayant les mêmes diplômes, ayant commencé en même temps auraient une rémunération différente selon leur sexe ? Il y a de fortes chances pour que non. Une étude publiée par *Le Monde* du 3 septembre 2018 nous renseigne de façon factuelle et nous le prouve. Tout d'abord en primaire il y a une écrasante majorité de femmes (jusqu'à 91 % dans le privé. Que fait-on donc pour changer cette outrageante inégalité ?). Alors que 91,5 % des hommes sont en catégorie A, ce sont 94,1 % des femmes qui le sont. Il faut savoir que la catégorie A est celle où les rémunérations sont les plus élevées (3.099 en brut en 2014 contre 1.980 pour la catégorie C). On nous donne également les salaires moyens : 2.664 pour les hommes et 2.511 pour les femmes. Oh horreur ! Quelle inégalité ! Pss, pss ce sont des moyennes et donc on mélange allègrement salaire à temps plein et salaire à temps partiel, c'est ce même biais pris à l'échelle des salariés du privé qui crée une vue distordue de la réalité. Temps partiel pour les hommes 4,1 %, 25,7 % pour les femmes. Reprenons un peu les calculs (nous avons pas tous les chiffres) avec l'approximation que le temps partiel est un mi-temps ceci nous donne pour les hommes 95,9 % à 100 % + 4,1 % à 50 % soit 2,05, soit 97,95. Je vous épargne les mystères de la règle de trois (faites-moi confiance), le salaire à temps plein est donc de 2.664 / 97,95 % = 2.719,75 €. Pour les femmes 74,3 % à 100 % et 25,7 à 50 % soit 12,85, soit 87,15 ce qui nous donne un salaire à temps plein de  2.511 / 87,15% = 2.881,24 €. On pourrait à nouveau faire un correctif puisque plus de femmes sont en catégorie A que les hommes. Ce sont bien sûr des approximations. Ce que démontrent ces chiffres c'est que dans le monde de l'Education Nationale (environ un million d'enseignants) pour le moins il n'y a pas d'inégalité salariale en faveur des hommes, s'il y en avait une ce serait à l'avantage des femmes : plus de femmes et en proportion plus de femmes de catégorie A. Ceci démontre aussi que de regarder la société juste en regard des salariés du privé est une déformation outrancière de ce qu'est la France.

De même globalement les hommes ont plus de métiers à risques (et donc à primes), travaillent plus souvent la nuit etc. Le salaire correspondant moyen est donc plus élevé. On indique donc qu'à poste équivalent les femmes gagnent 9 % de moins. Mais que veut dire poste équivalent ? Dans la même entreprise, avec la même ancienneté, la même productivité ? Ou dans deux entreprises différentes et deux métiers différents. Ce n'est pas qu'il n'y a pas d'inégalités criantes et incontestables, c'est que faire l'amalgame de situations qui sont, dans les limbes de la pensée, équivalentes ne le sont pas dans la réalité concrète. Dans le cadre de la volonté d'égalité, une femme qui a un enfant conserve son ancienneté. Si d'un point de vue philosophique cela parait juste (et encore c'est contestable), ce n'est pas juste du point de vue économique. Il paraît même aberrant que ce soit à l'entreprise d'assumer un fait que la société devrait assurer. Pour l'entreprise, l'absence de la future mère de famille est une absence, et son absence désorganise la société. Il y a donc inégalité mais au profit de la mère de famille dans l'entreprise. Cette inégalité se retrouve dans la fonction publique : pour la retraite, une femme peut travailler à temps partiel, à mi-temps et si la durée globale ne dépasse pas trois ans, au lieu de valider seulement la moitié des trimestres, l'intégralité le sera. Est-ce juste ? Est-ce égalitaire ? Rappelons que nous nous situons dans un raisonnement où une personne est payée pour ce qu'elle fait, et cotise en fonction de son travail. Que l'on veuille aider les mères, pourquoi pas ?, mais il est injuste que ce soit l'administration, dont les fonds viennent de nos impôts, offre des avantages qui ne correspondent en rien à sa mission. Pour la retraite chaque enfant donne droit à la mère, dans le privé 8 trimestres d'assurance et ce sont donc tous les autres qui payent y compris les hommes. Dans le public c'est quatre trimestres s'il n'y a pas eu d'arrêt, hors congé maternité, de plus de six mois.

Lorsque l'on dit globalement que les femmes ont 25 % de rémunération de moins que les hommes c'est une approximation des plus malhonnêtes. Mettre dans les statistiques le fait que les femmes aient plus de travail à temps partiel que les hommes n'est pas une inégalité salariale, mais une différence d'embauche ou de poste. Dans ces 25 % on inclut donc les salaires à temps partiel (majoritairement des femmes, et pour certaines choisi avec bonheur), la différence de pénibilité des métiers, mieux payés et essentiellement exercés par des hommes (BTP, travail de nuit, travaux dangereux, travaux de force), des métiers de diplômes équivalents mais dans des secteurs différents qui ne donnent pas du tout les mêmes salaires (ingénieur chez Airbus ou professeur d'histoire géographie dans un collège), des suspensions de carrière etc. Prenez une infirmière à mi-temps d'un côté et de l'autre un commercial, tous deux BAC + 3 et vous dites : Mon Dieu quelle inégalité de salaire pour un même niveau de diplôme (en langage statistique : équivalent) ! Car dans les 25 % on divise la somme globale gagnée par les femmes par leur nombre que l'on compare à la même opération chez les hommes. Tous ces biais déforment la réalité. Les évolutions de carrières ne sont pas les mêmes notamment quand les femmes ont des enfants. Les congés maternités dans leur ensemble entraînent forcément des absences qui modifient les carrières. Peut-on estimer que c'est une injustice ? C'est une différence, certes, mais justifiée par l'absence. Serait-il juste au contraire qu'une femme ayant en dix ans de carrière eu trois ans d'absence pour cause de congés maternité, se trouve au même niveau hiérarchique, de rémunération et d'ancienneté qu'un homme qui n'aurait eu aucune absence ? La femme n'a pas à être pénalisée certes par ses congés maternité, mais ce n'est pas à l'entreprise d'offrir une compensation alors que les absences la perturbent, ne permettent pas à l'absente d'être à niveau de l'évolution de celle-ci. Les femmes enceintes ont des garanties pendant la grossesse et après celle-ci lors de la maternité. Il est patent que les hommes travaillent, à temps plein, plus d'heures que les femmes, que le temps partiel est plus important chez les femmes que les primes du fait de danger, d'éloignement (chantier courts ou longs), de pénibilité, sont plus importantes pour les hommes que pour les femmes et qu'en revanche les interruptions de carrière sont plus importantes chez les femmes que chez les hommes et qu'enfin, alors que le salaire progresse avec l'âge, les femmes s'interrompent plus tôt que les hommes et donc ne peuvent atteindre ces salaires plus élevés. Une étude aux USA prenant les conditions similaires entre femmes et hommes, même niveau de diplôme, célibataires, entre 30 et 40 ans, le salaire moyen des femmes était légèrement supérieur à celui des hommes. Il en est ainsi, que l'inégalité salariale n'est parfois qu'une différence salariale justifiée, et que lorsqu'elle ne l'est pas, elle doit être condamnée et rectifiée, mais qu'elle bien moins importante que proclamée. Dans la présentation des faits il y a un biais exploité par les FIDs. Les chiffres sont des moyennes, or une moyenne contient bien évidemment les extrémités temporelles, les employés et dirigeants proches de la retraite et ceux qui débutent dans leur vie professionnelle. Or les premiers sont encore dans un système initié il y a des décennies. Les nouveaux entrants sont dans la société en cours, en construction, celle où les inégalités sont terriblement diminuées. Or le rôle des politiques n'est pas de tricher et d'utiliser une moyenne qui est plombée par un monde en disparition, mais de tenir compte du monde présent et en devenir. Il est vrai aussi que des associations vivent de la dénonciation et sans carburant à leur activité, plus d'activité. Il faut aussi se pencher sur le fait que des associations féministes vivent de subventions et que leur intérêt - c'est une possibilité - est d'exagérer les faits, tous les faits, afin de garantir leurs revenus.

Le monde économique ne se résume pas aux salariés. Y a-t-il des différences, du fait de leur sexe, entre deux commerçants tenant chacun un magasin pour les revenus qu'ils en tirent ? Certainement non. La différence viendra de tout le système économique : l'emplacement du magasin, les produits vendus, la bonne gestion, le choix des produits, la capacité de vente. Pas d'inégalité de revenus. Prenons les médecins conventionnés : ils sont payés à l'acte. Y aurait-il une différence d'honoraires entre eux en fonction du sexe ? Et les notaires ? Et tous les commerciaux payés à la commission ? Y aurait-il un taux de commission différent en fonction du sexe ? Evidemment non. Et les agents généraux ?

Etc. Il y a une proportion très importante de secteurs où le revenu ne dépend absolument pas du sexe : tous les minimums sociaux, comme le RSA ou le minimum vieillesse on parle globalement de plus de 4 millions de personnes. Tout comme les prestations familiales sont indépendantes du sexe tant des parents que des enfants. De même pour les allocations de parents isolés. Pas de critère de sexe. Egalité parfaite. Pas une paille tout ça. L'importance des secteurs, puis l'importance où la parité salariale est respectée font que le périmètre des inégalités est beaucoup plus faible que ce que les informations généralisantes veulent faire croire et de plus avec des chiffres de différences biaisés comme on l'a vu.

Il y a un point qui ne paraît jamais être abordé et qui pourtant a son importance et concerne tout le monde. Dans ce domaine il y a une forte inégalité, mais en faveur des femmes. L'espérance de vie à la naissance est de 85,3 ans pour les femmes et de 79,5 ans pour les hommes en 2017. Ce qui fait un écart d'environ 6 ans. Au passage, dans cette France si abominablement machiste, où les femmes sont si mal traitées par les hommes, depuis 1950 l'espérance de vie des femmes et des hommes a fortement cru. Devinez quoi ? Les droites (car il s'agit de droites) sont quasi parallèles. Les femmes subissent finalement pas si mal le choc de ce monde qui lui est si hostile et elles gardent un bel avantage. En gros leur santé et leur durée de vie n'en pâtit pas trop. Leur santé un peu car les comportements changent et les femmes fument plus et ont plus de cancers qu'avant. Pour parler de santé, la DREES indique qu'en 2017 que l'espérance de vie sans incapacité (autrement en bonne santé) a progressé pour les femmes passant à 64,9 ans (+ 0,8 ans) alors que celle des hommes a reculé de 0,1 an passant à 62,6 ans, soit un écart de 2,3 ans de bonne santé en faveur des femmes. Donc cette société qui violente les femmes, les soigne mal, les tresse et professionnellement injuste pour elles fait qu'elles vivent non seulement plus longtemps mais aussi plus longtemps en bonne santé. Il faut donc s'interroger : soit cette société n'est pas si injuste que cela envers les femmes, soit la nature est injuste envers les hommes, soit une combinaison des deux. Dans cette société injuste (voit développement plus bas) les femmes travaillant moins que les hommes cotisent moins mais entre les congés maternité, la retraite de reversion, la retraite touchée plus longtemps (ou le minimum vieillesse), et les soins apportés plus longtemps (entre l'espérance de vie et celle en bonne santé il y a un écart de 2,1 ans pendant lesquelles les femmes sont soignées aux frais de l'ensemble de la société et donc en majorité du travail des hommes. Il faut donc se dire que cette société est financée en majorité par les hommes au profit, en majorité, des femmes.

Ce qui compte c'est l'espérance de vie à disons 60 ans, âge de la retraite. L'écart est moins important puisqu'il passe (données 2015) à 87,3 pour les femmes et 82,9 pour les hommes soit un écart de 4,4 ans ou autrement dit les femmes ont une espérance de vie 19,21 % en plus. Où se situe donc l'inégalité ? Tout simplement c'est que les cotisations sont les mêmes or les femmes vivant plus longtemps, elles touchent plus longtemps leur retraite. A ceci s'ajoute un majoration quand il y a eu plusieurs enfants (pour le deux parents, mais qui restera acquise à la veuve quand le mari sera mort), et enfin s'il s'agit d'une femme mariée et que son époux décède avant, elle bénéficie d'une retraite de reversion. En grande majorité les époux meurent avant leur femme (les derniers chiffres nous disent qu'il y a entre 87 et 89 % de femmes dans cette situation dont plus d'un million qui ne touchent que cela, qui donc n'ont jamais cotisé. On pourra toujours gloser sur le manque de solidarité de la société française et sa misogynie). Il y a donc un inégalité frappante qui peut largement dépasser les 20 %. On parle ici bien sûr de globalité. Or cette inégalité concernent toutes les femmes et tous les hommes à la retraite et non seulement, comme c'est le cas de l'inégalité salariale les seuls concernées au périmètre bien plus restreint. Alors le montant des retraites, c'est aussi une vérité, est souvent moins élevé pour les femmes que pour les hommes. Y entre en grande part que la durée de cotisation est en moyenne moindre car certaines femmes s'arrêtent avant l'âge légal de la retraite ce qui diminue considérablement le revenu mais non à cause d'une différence de salaire mais de durée de cotisation.

Et cette inégalité-là, celle des accidents du travail dont les hommes sont beaucoup plus victimes.

Pour en terminer avec cette courte synthèse de l'inégalité en faveur des femmes - inégalité finalement assez vaste et sans doute pas très souvent abordée -, il serait indécent d'oublier que lors des divorces la garde des enfants est majoritairement confiée aux femmes, en tenant compte du pourcentage d'hommes qui n'en veulent pas et que cela arrange. Cette inégalité est reconnue, persistante et dans cette société machiste, il s'agit sans doute là d'une de ses expressions les plus flamboyantes.

Dans son livre *Les hommes sont-ils obsolètes ?* de Laetitia Strauch-Bonart aux éditions Fayard, dont je vous recommande vivement la lecture, le diagnostic est équivalent sous un autre angle avec des informations qui recoupent celles exposés ici (livre sorti après l'écriture de celui-ci). On y trouve, en parallèle de la garde des enfants dominées par les femmes, cette conséquence que près de 85 % des familles monoparentales ont pour parent unique une femme. Ce n'est pas sans conséquence puisque ces familles représentent un pourcentage de plus en plus important des familles (près d'un quart aujourd'hui), qui est que les enfants de ces familles sont élevés essentiellement par des femmes, que jusqu'à 20 % d'entre eux, ils ne voient jamais leur père. A moyen terme on voit que l'incidence sur la société n'est pas négligeable. Petite parenthèse pour compléter ce qui est dans ce livre, il faut ajouter à cela (que fait donc le ministère de l'égalité ?) que dans la fonction publique 55 % sont des femmes, mais le plus lourd de conséquence est que dans l'Education Nationale ce sont 70 % des enseignants qui sont des femmes (jusqu'à plus de 82 % dans le primaire public et 91 % privé). Imaginez deux choses :

- que dirait-on si une profession avait 70 % d'hommes (jusqu'à plus de 90 %) et où aucune force physique n'est réclamée, sans que rien ne soit mis en place pour aider ou forcer à l'égalité des postes ? Il faut ajouter que les rémunérations sont identiques et ce n'est donc pas un sous prolétariat féminin qui expliquerait cette disproportion dans l'enseignement (ceci est vu ailleurs dans le livre) ;
- on a vu que 20 % des enfants de famille monoparentale ne voyait jamais leur père. Ces enfants vivant dans un monde féminisé, vont se retrouver à l'école dans un monde féminisée à 70 % et plus grave encore dans le primaire comme dit plus haut jusqu'à plus de 91 % dans le privé ! En somme ces enfants risquent jusqu'à leur arriver au collège de ne voir aucun homme qui aide à l'éducation ou transmette le savoir. Si cela n'est pas inquiétant, pour la structure de la société on se demande ce qui peut l'être.

Peut-on émettre l'hypothèse que, puisque les femmes sont absolument prédominantes dans la petite enfance tant à la maison qu'à l'école (puisque dans ce cas-là jusqu'à 90 % des enseignants sont des femmes) notamment au jardin d'enfants et en maternelle, là où le comportement social est en partie formé, elles sont, au moins partiellement, responsables de la société dans laquelle nous vivons ?

Ce livre nous explique à quel point l'influence des femmes ne cesse de croître. Cela tient à un phénomène qui date de la post industrialisation. Les métiers où la force physique étaient nombreux et dotés en personnel tendent à disparaître. Les hommes y ont remplacés par des machines. L'auteur nous explique que la société devient une société où la communication devient primordiale or, les études le prouvent, les filles sont plus douées pour le langage, l'expression, sa compréhension, l'écriture et la lecture que les garçons. Et c'est vrai quelle que soit la société. Les garçons le sont à peine plus dans les matières scientifiques. La théorie des FIDS voudrait que ce soit la société qui influence et oriente, oblige en somme les jeunes filles à choisir les études puis les carrières littéraires ou à composante d'empathie (médecine par exemple), de rapports humains. Or en Finlande, pays égalitaire s'il en est, où les jeunes filles y sont meilleures que les jeunes hommes décident de ne pas choisir les études et carrières scientifiques ou techniques. Il semble qu'il y a une prédominance chez les femmes à avoir un attrait aux personnes, alors que les hommes cette prédominance se porte vers les objets. Il s'agit de nature profonde où la société n'a que peu d'influence. Certes le cerveau est adaptable, mais il ne l'est que dans les limites que la nature lui prête. Cette nature profonde se voit dans les analyses comportementales de nourrissons qui n'ont pu être influencés selon la théorie qui explique tout, que c'est la société et la culture qui sont maîtres de tout (et pourtant les FIDs existent, par quel miracle ? Seraient-ils des divinités (au féminin) ?), c'est qu'un nourrisson de sexe féminin n'aura pas les mêmes attraits qu'un nourrisson de sexe masculin. De même pour les Bonobos. Il y a une différence fondamentale de comportement, au global, entre un homme et une femme, toute variation individuelle comprise par ailleurs. Ceci est important car les FIDs nient, et en fait veulent imposer leur volonté, la liberté de choix des femmes qui préfèrent certaines carrières, certains métiers à d'autres. Pour les FIDs ce ne sont que des comportements stéréotypés qui les poussent dans une direction. Cette théorie ne tient pas la route. Il y a un problème de fond. Une culture ne s'engendre pas elle-même. Elle ne peut exister avant d'exister. Pour qu'une culture naisse et se développe, il faut une base, et cette base est humaine, et donc cette base est naturelle. Les femmes, en moyenne, ont une approche différente de la carrière où les rapports humains, la collaboration, la vie familiale ont plus d'importance que le gain et la carrière seule. Cette aspiration est niée par les FIDs qui n'y voient que le carcan de la société. Ils veulent imposer leur diktat. Du reste pourquoi faudrait-il dans chaque profession, métier, aspiration un mixité parfaite, 50 % de chaque ? C'est totalement absurde.

Les femmes ayant acquis une liberté sexuelle importante, deviennent en grande majorité également maîtresses de leur capacité à assumer financièrement leur vie. L'homme devient peu à peu négligeable. Elle acquièrent un pouvoir qui peut devenir effrayant : le choix absolu qui n'apparient plus qu'à elle de donner ou de refuser de donner la vie. Non seulement elles peuvent empêcher un homme d'avoir un enfant avec elles, même s'il le désire, mais elles peuvent choisir d'avoir un enfant toute seule. Peu leur importe du reste les conséquences pour l'enfant de naître et vivre sans père. Les théories comme quoi ce qui compte seul serait que l'enfant soit choyé n'est qu'une vaste escroquerie que les études saines démontent sans le moindre doute. Bien que ce ne soit pas là le débat, cette volonté d'enfanter sans père pose le problème aigu de l'égoïsme posé à son extrême, de transformer l'enfant à venir comme un jouet pour le plaisir de la mère. Il n'est plus en quelque sorte qu'un objet conçu pour satisfaire le désir et le plaisir de la mère. L'amour qui en donne du sens à l'enfantement, sa conclusion est évacué complètement pour le seul intérêt égoïste d'avoir un enfant, peut-être de se sentir mère. Ne reste plus qu'à choisir la couleur des yeux, le sexe, et la couleur de peau. Dans un certain sens cela peut devenir de l'eugénisme, au profit des femmes.

On nous esbroufe par exemple avec les cas emblématiques des acteurs et présentateurs de télévision qui sont des privilégiés avec des salaires sans commune mesure avec le commun des mortels et représentent une frange négligeable de la population. Dans ces hautes sphères pourtant, les chanteuses, les femmes qui écrivent, les peintres peuvent avoir des rémunérations stratosphériques comme Madonna, Céline Dion, ou autre Adèle, tout comme feue Agatha Christie ou Joanne Rowling dont les rémunérations dépendent des ventes et de la capacité de leurs agents à bien négocier les contrats.

Les inégalités dans les très hautes sphères entre les hommes et les femmes existent, mais sont epsilon dans la globalité du problème. Et il y a beaucoup plus d'inégalités entre une actrice célèbre et un cadre moyen d'une entreprise du BTP, beaucoup plus, infiniment plus qu'entre cette actrice et un acteur renommé.

Si l'on veut que la société progresse vers une diminution drastique des agressions sexuelles, de ses inégalités, pour cela il faut un bon diagnostic. Un mauvais diagnostic impose de mauvaises solutions. Ce n'est pas la guerre déclenchée par les FIDs qui va faire avancer les choses. Bien au contraire. Cette guerre outrancière, cette chasse à l'homme a des conséquences désastreuses. Non seulement du côté des femmes, avec certaines qui se désolidarisent selon des chemins différents (celui des 100 signataires, involontairement néfaste, en cause de la presse qui a tronqué leur texte et de leurs ennemis qui l'a volontairement déformé), ou d'autres à la philosophie différente qui ne se reconnaissent nullement dans ces femmes présentées comme modèle par les FIDs et se refusent à être représentées par elles et refusent leur diktat. C'est ensuite les hommes qui vont se rebeller et s'éloigner des femmes. Pour combattre ces deux fléaux, il n'y a qu'une voie : la collaboration harmonieuse et le respect. Les FIDs sont dans un processus autocratique, destructeur et dans un système de pensée qui refuse toute contestation et cloue au pilori qui pense différemment. Les FIDs sont néfastes à la cause juste de lutte contre les inégalités et les agressions, ils sont néfastes à la société. Que l'on ne nous fasse pas croire qu'avant eux, les femmes ne s'exprimaient jamais, que leur cause n'était jamais défendue, que les lois, les textes ne s'en préoccupaient pas.

En gros on peut résumer la pensée des FIDs par : la femme est une victime sous le joug de l'homme dans une société phallocratique sous domination permanente et universelle du mâle. Si vous me permettez, je vais vous soumettre une autre vision. Tout d'abord je conseille vivement aux FIDs de lire un ensemble d'articles au titre de *Date pourri* publiés par *Rue89* un site Internet du groupe du *Nouvel Observateur*. Les dates sont des rendez-vous, disons, en gros et de façon assez vague, amoureux,. Je vais mettre ici quelques extraits qui sont éclairants. Par exemple il y a ici des paroles d'une jeune femme homosexuelle. Elle parle finalement d'une possible future amante comme un simple objet : son physique est son premier commentaire. Ensuite elle s'intéresse à une autre. « *Je regarde ses photos. Elle est blonde, un peu ronde. Pas laide, pas belle, pas repoussante. Banale quoi.* » [...] «*Je suis sereine car je n'ai pas menti sur ma photo. Bon, OK, un peu sur ma fourchette de poids. J'ai dit 75 kgs / 80 kgs alors que j'étais plutôt dans celle du dessus 85/90. Mais c'est de bonne guerre non ?* » [...] «*On commence à boire des verres et je vois bien que Nathalie est beaucoup plus intéressée par ma pote Cécile. Cécile est une eurasienne, très mince, très belle. Elle pourrait être top model. On a toute une amie super canon **qui attire nos cibles**. Moi, c'est elle. Donc naturellement, Nathalie s'intéresse plus à Cécile. Je comprends mais c'est blessant.*
*Délicate, elle me pose des questions sur elle.*
*""Elle est célibataire ta copine  ?""*
*La voilà qui danse langoureusement près d'elle. En gros, je n'existe plus. C'est pas grave mais je suis vexée... Ma pote Cécile n'est pas intéressée. Je la vois installer une distance avec Nathalie. La meuf ne l'intéresse pas et aussi elle ne veut pas me blesser.* » [...] « *Elle met du zouk. Je me sens mieux. Je ne suis pas sexy mais je danse bien (c'est mon arme de séduction massive). On se rapproche physiquement (enfin), elle danse bien aussi et forcément ça dérape.*
*On commence à faire l'amour. Et bon, entre filles c'est comme chez les hétéros, soit on fait des trucs en "même temps" soit*

*chacune son tour et l'une s'occupe exclusivement de l'autre. Mais moi je fais rarement l'amour en même temps avec une fille quand je viens de la rencontrer. C'est quelque chose que je fais plutôt quand il y a de la confiance. »*

Voici un autre témoignage et il faudra s'arrêter là : *« J'avais un gros kif sur les Noirs et les reubeus à cette époque. Plus les blacks quand même. Avant cette histoire avec Joachim, j'ai eu un copain métisse, des copains reubeus. C'était un peu obsessionnel mais à ma décharge, avec ces mecs ça se passait beaucoup mieux.*
*Il y avait quelque chose de plus simple. Je ne l'explique pas. Ces mecs aimaient bien mon tempérament. Bon, aujourd'hui j'en suis revenue de ce truc hein mais à l'époque je ressentais ça.*
*Au bout d'un moment force de coucher avec plein de mecs, j'en avais marre du cul pour le cul. En gros, je voulais coucher avec des mecs qui me fassent mouiller intellectuellement et sexuellement. Et les coups d'un soir, j'en avais marre aussi. Faut dire ce qui est : les trois quart du temps, c'est nul, tu te fais juste super mal baiser. En plus pour ne rien arranger, avec l'âge tu deviens plus exigeante. En plus je rencontrais que des mecs impuissants. Donc j'étais dans un combo pénurie de mecs/impuissance. Le bonheur quoi.*
***Donc, ce jour là, j'étais chez moi, j'avais fumé au taquet de pétards. Quatre ou cinq. Et les joints me font vraiment dériver vers le porno. Si je suis toute seule chez moi, je vais en regarder et je peux rester dessus pendant quelques heures.***
***Sauf qu'au bout d'un moment, j'en peux plus. Je suis chaude comme jaja. J'en peux plus. J'ai trop envie. A force de pénurie de sexe, ma chatte criait famine « miaou miaou je veux des croquettes ». »***

Imaginez un seconde que ces textes fussent écrits par un homme parlant d'une ou des femmes. Que diraient nos FIDs ? Que les immondes mâles considèrent la femme comme de la chair, un proie juste bonne à en abuser. Problème il s'agit d'une femme et qui parle d'une autre femme dans le premier cas, dans le second d'une femme qui utilise les hommes comme des vibromasseurs et s'en plaint. Avez-vous remarqué **la déshinibition par la drogue** (cf l'affaire Brion), la vulgarité des propos, le besoin de sexe à outrance ?

Pourquoi mettre ceci ? Tout simplement pour démontrer que tout n'est pas si simple, que le femmes aussi ont des envies, font du rentre-dedans et peuvent aussi importuner les hommes qui ne s'en offusqueront peut-être pas tant. Et aussi pour que ces FIDs sortent de leur tour du pays de l'ombre, et regardent la vie qui se déroule en France et qui n'est pas le cliché qu'ils en font.

Donc nos FIDs mettent en cause les hommes et la société. On pourrait déjà leur poser la question de se demander comment font-ils, eux, pour penser différemment si la société est si prégnante ? Seraient-ils, eux, des êtres supérieurs capables de s'extraire des mâchoires de la société ? Eux seuls ? Comment cette société si contraignante n'a-t-elle pas réussi à les anéantir ? Il faut prendre des exemples récents pour démonter cette théorie de la société coupable. Effectivement nous avons lu, avec la complicité de leur appareil, qu'au PS, qu'à l'UNEF, au PC et enfin chez les verts, il y avait des agressions sexuelles nombreuses. Qu'est-ce que cela veut-il donc dire ? Serait-ce la société qui en serait responsable ? Cette affirmation peut être niée sans aucun doute. Dans ces partis, mouvements, la doctrine, la prégnance idéologique est à l'égalité - du moins c'est ce que l'on suppose -, au respect des femmes. Il doit y avoir en leur sein une chape de pensée puissante et lourde qui est forcément supérieure à la contrainte de la société. Si ce n'était pas le cas, il n'y aurait pas de candidats aux élections, pas de débats, pas de livres. L'ambiance, la culture, est donc à l'opposé de l'agression sexuelle, de sa permission, de sa protection. Quelle est donc l'explication ? A mon sens elle est simple : toute personne qui à la fois est en position de pouvoir et en besoin de domination en profite. Toute personne. On peut affirmer que ce n'est pas parce que c'est un homme qu'il en profite. On peut aussi affirmer que ce n'est pas parce que ce serait une femme qu'elle n'en profiterait pas. La domination est exercée que ce soit par un homme ou une femme si la personne en besoin de dominer est en situation de le faire. Une femme en position de pouvoir et dominatrice en profitera. Ce qui crée une différence notable est que les hommes sont, en général, physiquement plus fort que les femmes, qu'ils ont, en général, plus de postes à responsabilité.

Les FIDs ont besoin d'enfermer les femmes dans un traumatisme infini. Elles sont, finalement leurs proies. Pour peu que certaines s'en sortent et plutôt bien, cela leur insupporte. Ces femmes-là, ne leur sont d'aucune utilité, sont leurs ennemies et ils les combattent comme telles. Pour les combattre, car ils ne combattent pas les idées, mais les êtres, leur technique est simple, d'une simplicité biblique, technique que tous les états totalitaires utilisent : se focaliser sur la personne en la décrédibilisant, en jetant sur elle l'opprobre, un jugement de valeur et en la culpabilisant. Pour cela tout est bon : rapprochements douteux, accusations violentes sans fondements, déformation des propos etc.

Pour répondre à cette notion de femme toujours faible et traumatisée par l'acte le plus anodin (on va du baiser envoyé de loin au viol avec tentative de meurtre ou meurtre, pour mettre tout dans le même sac), il est intéressant de regarder cette vidéo récente que l'on peut voir dans un article Internet de RTL : https://www.rtl.fr/actu/international/video-etats-unis-une-serveuse-corrige-a-la-perfection-celui-qui-lui-touche-les-fesses-7794180649

Ce qu'en dit article c'est ceci : *Non. On ne touche pas les fesses d'une femme sans son consentement et par surprise. Visiblement, certains ne sont toujours pas au courant, mais un Américain va sûrement retenir la leçon.*

*Le 30 juin dernier, Emelia Holden, 21 ans, termine son service dans un bar de Savannah en Géorgie (États-Unis), quand un homme passe derrière elle et lui met une main aux fesses, avant de poursuivre son chemin sereinement.*

*Mais l'agresseur n'a pas été bien loin. La jeune femme l'a rattrapé par le col de son t-shirt et l'a fait basculer violemment sur une chaise du bar. « Je l'ai regardé dans les yeux et lui ai dit : 'Tu ne me touches pas espèce de fils de p**e', a-t-elle raconté au journal People. « Je n'ai même pas réfléchi, j'ai juste réagi. Je ne sais pas comment j'ai fait pour réagir de cette façon. Je n'ai jamais fait ça auparavant. »*

*Face aux policiers, arrivés peu de temps après, l'homme de 31 ans a nié les faits, expliquant avoir simplement voulu pousser Emelia Holden de son chemin. « Oh, je t'ai à peine touché », a-t-il affirmé. Manque de chance pour lui, le bar dispose d'une caméra de vidéosurveillance qui a capté l'agression.*

*Le trentenaire a été interpellé et placé en détention pour agression sexuelle, avant d'être libéré contre une caution de 2.500 dollars, selon un porte-parole du shérif cité par BuzzFeed News.*

*Montrer aux femmes qu'elles peuvent se défendre*
*La vidéo, postée sur YouTube, a déjà été vue plus de 1,6 million de fois. « Je suis heureuse que d'autres femmes puissent voir ça et sachent qu'elles peuvent se défendre ou porter ce qu'elles veulent », a déclaré Emelia Holden, qui a reçu de nombreux messages de soutiens.*

Cette histoire est édifiante à plus d'un titre. Tout d'abord comme le montre cette vidéo personne ne peut dire que cette jeune femme est faible, soumise. Le deuxième point est que d'évidence elle n'est absolument pas traumatisée par le geste de cet homme. Cette vidéo est donc importante, comme elle le dit elle-même, pour monter qu'une femme peut se défendre. Cependant il faut aller plus loin. Cet homme est judiciairement poursuivi pour agression sexuelle. Le caractère sexuel est évident, le terme d'agression est plus douteux. C'est certes un terme juridique, mais dans les faits ? Son geste est déplacé, malvenu, incongru, condamnable, déplorable et cet homme mérite d'être remis à sa place, et il faudrait faire en sorte que son attitude change à l'avenir. En revanche aucune personne honnête peut dire qu'il agresse dans le sens d'agressivité, de violence. Son geste est non violent. On ne peut même pas dire qu'il attaque l'intégrité du corps de la jeune femme car il n'aura strictement aucune marque par la suite. Ce qui est attaqué c'est son intégrité morale. La raison voudrait donc qu'il soit poursuivi pour ce qu'il a fait : une atteinte à la personne dans le respect de sa nature. Mais vouloir parler d'agression est totalement disproportion-née. Ici il est très important de comparer cette vidéo et cette histoire avec l'affaire Benalla. Il y a des différences c'est évident. Tout d'abord c'est le statut de Benalla qui donne une dimension politique à ses brutalités. Si nous reprenons les deux faits pour les comparer on a deux fois des prémisses. Pour la jeune femme l'effet déclencheur est une main en cuillère qui touche doucement ses fesses (je le répète le terme de doucement n'est pas une justification mais une caractérisation du réel, ce qui n'ôte rien à ce que ce geste doit être condamné, mais pour ce qu'il est non pour ce qu'il n'est pas). Cet effet est direct et concerne la jeune femme. Le contexte est calme. Pour Benalla, le contexte est violent, des échauffourées place de la Contrescarpe, une tension palpable. Deux jeunes gens (la trentaine), insultent des CRS, Le jeune homme jette une bouteille sur eux, la jeune femme jette, elle, deux cendriers et fait un bras d'honneur. Benalla n'est pas concerné directement. Dans la seconde phase, la jeune femme attrape assez violemment l'homme par le haut de sa chemise, puis le tire en arrière jusqu'à le faire tomber contre une table et au-dessus d'une chaise. Ce que tout le monde peut voir, cette réponse est brutale et agressive. Benalla a également des gestes brutaux de nature équivalente à ceux de la jeune femme. Dans le cas de la jeune femme, elle se fait justice elle-même car elle est directement concernée, dans le second Benalla rend lui aussi une justice immédiate sans être directement concerné. Ce qui est intéressant d'analyser c'est la suite. La jeune femme, bien qu'elle se fasse justice elle-même, est valorisée. Le titre de l'article est clair : *VIDÉO - États-Unis : une serveuse corrige <u>à la perfection</u> celui qui lui touche les fesses.* En somme ce que l'on reproche à Benalla (outre l'aspect politique qui est autre chose) on le valorise pour cette femme. A noter que la victime de Benalla porte plainte ce que pourrait faire l'homme pour les mêmes raisons contre la jeune serveuse. Or il y a une disproportion faramineuse entre son geste et les conséquences : il est violemment agressé, il est en garde à vue, n'est libéré que sous une caution de 2 500 $ va être poursuivi pour agression sexuelle et risque gros et enfin cette vidéo vue certainement plus de 2 millions de fois le jette en pâture au public. En somme pour un geste déplacé qui pouvait se régler autrement il se retrouve en enfer et je n'emploie pas ce mot par hasard ni en le sous-estimant : agressé, jugé, jeté en pâture au public. Les conséquences pour lui sont sans commune mesure avec son acte aussi répréhensible fut-il. Et cette jeune femme devient une héroïne. De son côté Benalla est une saloperie d'ordure fascisante pour un geste similaire déclenché par des actes autrement plus violents de deux jeunes gens que cette main à la fesse. Petite mention spéciale pour mes amis les FIDs, non je ne défends pas son geste, il faut simplement que le choses soient mises à leur niveau sinon si on considère un geste sans violence et sans traumatisme comme une agression quasi mortelle de ce fait on diminue considérablement la valeur des agressions violentes. On distord l'échelle de mesure et on compare le traumatisme d'une femme violée et passée non loin de la mort à une geste qui n'a traumatisé personne et qui a engendré une réponse immédiate. Les atteintes aux femmes doivent absolument être hiérarchisées, contextualisées et tenir compte du traumatisme engendré. À vouloir tout mettre sur le même plan avec comme but ultime de mettre l'homme en accusation perpétuelle est un des plus mauvais service à rendre aux femmes. Et à la société.

Pour répondre à ces FIDs considérant les femmes comme des êtres faibles et sans ressources, il est intéressant d'écouter ce que dit Samantha Gimer qui soutient la tribune des 100, elle, victime, médiatisée, de Roman Polanski :

« Je suis une féministe défendant les droits des victimes. [...] On me connaît d'ailleurs surtout pour avoir été moi-même victime d'un viol [...] J'ai passé 40 ans de ma vie à me défendre. Contre les attaques de ceux qui considéraient qu'il n'était pas possible de se remettre d'un rapport sexuel avec un homme beaucoup plus âgé. », accusée de « faire l'apologie du viol », de s'être « laissé acheter », voire « de causer du tort à toutes les autres victimes de viol », en ayant refusé de se « plier à ce que l'on exige d'[elle] en faisant état des dégâts causés [...] Mettre une simple caresse au cours d'une séance photo, une mauvaise blague [...] sur le même plan qu'un viol, c'est minimiser la gravité de ces crimes et de ces agissements. [...] #MeToo devrait être une plateforme de soutien pour les victimes, un espace où l'on témoigne de sa solidarité; [...] le problème quand on est une survivante, c'est que les militants ne peuvent rien tirer de vous. [...] Ils ont besoin de victimes, pas de rescapées. [...] Nous devrions au contraire servir d'exemples, donner du courage aux femmes qui se battent et les aider à se relever. Il n'est pas vrai que notre rétablissement nuit aux autres. [...] Il faut redonner aux femmes leur pouvoir d'action, pas exiger d'elles qu'elles ressassent indéfiniment le tort "assurément indélébile" qu'elles ont subi. [...] Il est triste qu'une femme confiante, ayant survécu à un drame, soit moins intéressante que le spectacle d'une femme tordue de douleur. [...] S'il [il s'agit de #MeToo ] ne permet aucune guérison, mais sert juste à "valider" votre peine comme s'il s'agissait d'un mérite plutôt que d'un événement que l'on peut surmonter, alors il est temps de tourner la page; [...] Toute cette haine, cette revanche ne nous guériront pas, pas plus qu'elles n'effaceront le passé. [...] La cause des femmes devrait nous rendre plus fortes, pas nous transformer toutes en éternelles victimes qu'il faudrait protéger du monde, des hommes, du sexe... et d'elles-mêmes. »

Un dernier texte pour terminer. Maïwenn, réalisatrice talentueuse, a lu devant Léa Salamé un texte, mis ici en intégralité, le 22 janvier 2018 :

« Écrire un film, écrire une lettre, écrire un SMS, employer des mots et des phrases qui ne veulent pas dire la même chose pour vous que pour moi. Je réclame le droit de panser mes plaies comme je le veux. Je réclame le droit de coucher avec qui je veux pour le temps d'une nuit sans être une femme facile quand les hommes sont des séducteurs. Je réclame le droit d'avoir du pouvoir dans mon travail sans faire peur aux hommes. Je réclame le droit d'être draguée avec maladresse, insistance et d'appeler cela "importuner" si je le veux. Je réclame le droit de ne pas être jugée si j'emploie des mots qui n'ont pas la même résonance que pour vous. Je réclame qu'on ne juge pas une femme si elle a eu besoin d'écrire un livre sur son histoire de harcèlement sexuel. Je réclame le droit qu'on ne juge pas une femme qui pense qu'on doit se débrouiller seule après un viol. Nous ne sommes pas tous égaux dans la douleur et dans la résilience, et nous n'avons pas la même capacité mentale ou physique de nous remettre de nos traumatismes. Ne jugeons pas une femme qui aime la violence pendant qu'elle fait l'amour. Ne jugeons pas une femme qui ne se remet pas d'une main aux fesses. Ne jugeons pas des femmes intellectuelles qui prennent la parole et bousculent nos mœurs. Par pitié, arrêtons de nous juger les unes les autres (la réalisatrice fond en larmes puis après une coupure reprend sa lecture, NDLR). Quelque chose d'historique est en train de se jouer, en ce moment, alors soyons unies. Chacun doit pouvoir souffrir de ce qu'il veut, comme il veut et quand il veut. On va y arriver. »

Dans le développement de cette histoire, dans la mise en accusation des hommes, il y a un rôle important et délétère de la presse. La France est sans doute encore un des rares pays où un bouffon comme Miller, un télévangéliste, a non seulement droit de cité, mais table ouverte partout pour commenter tout et n'importe quoi. Quand on voit sont rôle dans *Le Media*, on ne peut qu'être étonné qu'on lui tende encore un micro. La psychanalyse est une des grandes escroqueries dévastatrices des deux derniers siècles. Toutes les preuves sont là : ses mensonges, sa totale inefficacité, ses bases frelatées, son danger, la soumission et la dépendance de ses victimes, l'enrichissement de ses gourous. Cette psychanalyse destructrice laisse des traces. Nombre de journalistes s'en réfèrent et s'en croient un peu dépositaires. On ne cesse de lire, en permanence une explication psychanalytique de la société, des films, des écrits, des objets, des monuments. L'Obélisque devient le phallus géant érigé pour dominer la femme soumise. Pas un objet qui est long et droit ne peut être autrement interprété que comme la volonté du mâle priapique de dominer sa proie. Le fondement scientifique de ces théories délirantes est inexistant, les mensonges et tarficotages des Freud, Lacan et Cie sont patents, les échecs sont cinglants. Rien n'y fait. Les journalistes administrent ainsi les nouvelles de leur badigeon de connaissances psychanalytiques, et font sans cesse des interprétations de magiciens à la Garcimore, et font croire à une autre société que ce qu'elle est. À force de tout ramener par des symboles faussés à ce priapisme permanent, l'information diffuse et infuse, et l'idée absurde de ces interprétations fumeuses devient une constante et une vérité. On sait que la déradicalisation est un échec, il serait temps que la France se dépsychanalyse complètement.

On ne peut passer à côté des deux affaires connues en août 2018 : celle de l'actrice Asia Argento et celle de l'universitaire réputée Avita Ronell. Les deux ont des points communs (accusée d'agression sexuelle pour l'une et de harcèlement sexuel pour l'autre, réactions des féministes) et des différences notables dont on parlera.

L'actrice une des primo-accusatrices de Weinstein, a signé un engagement de verser 380 millions de dollars à un jeune acteur pour l'avoir agressé sexuellement alors qu'il avait 17 ans déclenchant un traumatisme grave et, selon les journaux qui rapportent l'accusation, pertes de rémunérations. Cette histoire est grave car elle va polluer de façon indirecte le juste combat contre les FIDs. De toute évidence les avocats de Weinstein vont s'en servir pour décrédibiliser l'accusation de l'actrice contre lui. Du reste son père accuse les avocats de Weinstein de vouloir la traîner dans la boue justement pour ça (technique usuelle aux USA). La tache va s'étendre au combat contre Weinstein et tous les hommes comme lui. Se servir de cette histoire, qui n'est pas anodine, contre les féministes outranciers est un mauvais combat. Que l'actrice ait abusé du jeune acteur (ce qui n'est pas encore prouvé) n'est pas incompatible avec qu'elle fût elle-même abusée par le producteur. On peut faire un parallèle avec l'affaire Diallo et Straus-Khan. A l'époque la responsable des crimes sexuelles de la police de New-York avait averti le procureur que ce genre de cas était long et complexe qu'il fallait attendre de tout éclairer car souvent les jeunes femmes mentaient sur certains aspects de leur vie ce qui entacherait de façon définitive leur témoignage et qu'il fallait justement du temps pour bien lui expliquer les conséquences de ses mensonges, et avec ce temps donné consolider son témoignage. Lisa Fiel, cette responsable de la Sex Crime Unit de New York, dit dans un entretien lors de l'émission de FR3 *Pièces à* conviction ceci : « Ecoutez cela fait 25 ans que je travaille dans cette unité et je l'ai dirigée pendant 10 ans. Eh bien je ne saurais pas vous dire combien de victimes ont menti lors d'un premier entretien.

Elles mentent sur l'alcool qu'elles auraient bu, elles mentent sur la drogue qu'elles auraient prise, sur la relation qu'elles auraient eu avec le suspect avant le viol. parfois les victimes mentent sur les raisons qui les ont amenées sur les lieux. Elles mentent sur le fait qu'elles aient crié ou pas. Elles ont l'impression qu'elles auraient dû crier, alors elles disent : « oui j'ai crié ». Et ensuite on se rend compte que les voisins n'ont rien entendu alors on est obligé de dire à la victime : « Ecoutez, on n'a rien entendu, personne n'a rien entendu. Est-ce que vous êtes sûre que vous avez crié ? Elles répondent : « j'ai pensé que vous n'alliez pas me croire si je vous disais que je n'avais pas crié ». Et effectivement quand on demande aux victimes pourquoi elles mentent elles nous disent : « si je vous avais dit cela vous n'auriez pas cru au viol ». Et donc je crois en tant que procureur qu'il faut chercher la vérité dès avant de présenter l'affaire au Grand Jury. J'ai l'impression que c'est comme un oignon. Il faut enlever les différentes couches et trouver le cœur, la vérité. » Tous les éléments concrets ont prouvé l'agression Strauss-Khan, et la transaction civile l'a aussi prouvé, mais le procureur a voulu faire un coup médiatique et s'est précipité en renvoyant la spécialiste dans les cordes. La conclusion a été que le procureur Cyrus Vance a été obligé d'abandonner les poursuites. En effet aux USA ne peut être condamné quelqu'un qu'au-delà du doute raisonnable et comme l'argent est le moteur de tout, qu'un procès coûte de l'argent, que le procureur est élu, il ne va au procès que s'il est sûr de gagner. Or dans le contexte de l'époque le brillant procureur venait de perdre un procès contre deux policiers accusés de viol. Il ne voulait prendre aucun risque. Les mensonges de Diallo sur son passé, ses imprécisions et mensonges sur la suite immédiate de l'agression ont occulté la réalité de son témoignage et DSK s'en est sorti à cause d'un procureur qui n'a pas voulu écouter la responsable des agressions sexuelles de la police de New-York et a voulu se faire mousser, d'où le fait qu'Asia Argento ait pu abuser d'un acteur n'est pas contradictoire avec avoir été elle-même abusée et de plus le milieu du cinéma, ses transgressions perpétuelles et son propre traumatisme sont des éléments à prendre en compte. DSK n'a pas bénéficié d'un non lieu mais d'un abandon des poursuites (bien que la transaction civile ait prouvé qu'il s'était bien passé quelques choses et bien que tous les éléments matériels : témoignages des médecins à l'arrivée à l'hôpital de Diallo, cellules épithéliales sur la culotte sous les collants et sperme sur le mur là où elle avait dit qu'il était, collants déchirés, les appels téléphoniques, les déclarations et son comportement filmé de DSK et par ailleurs les déclarations non juridiquement valides, car elle avait été condamnée pour proxénétisme de madame Manhattan qui avait fourni des prostituées à DSK relatant sa violence avec elles,) a permis à ses soutiens de le défendre et de traîner Diallo dans la boue. Pour en terminer avec DSK, Lisa Fiel croit fermement en l'agression et répond à DSK qui se targue d'un non lieu : « Sa culpabilité n'a pas été prouvée <u>au-delà de tout doute raisonnable</u> [souligné par l'auteur] mais je ne suis pas d'accord avec sa formulation, alors peut-être qu'il ne comprend pas parce qu'il n'est pas avocat, ou parce qu'il ne connaît pas assez bien le système américain, mais clairement le rapport ne dit pas qu'il n'a rien fait et qu'il est innocent. En fait à trois reprises dans les deux premières pages du rapport il est écrit : « des doutes sérieux sur la plaignante ne nous permettent pas de savoir ce qui s'est véritablement passé dans la suite de l'inculpé le 14 mai 2011 et nous empêchent donc de maintenir les poursuites dans cette affaire ». Donc ce que dit ce rapport, c'est qu'étant données les inexactitudes, personne ne peut être sûr au-delà de tout doute raisonnable. <u>Cela ne veut pas dire que l'enquête a établi son innocence, que rien ne s'est passé, cela dit juste encore une fois que l'on ne peut pas le prouver.</u> [souligné par l'auteur] » Et c'est ce qui va arriver à Asia Argento et va fragiliser les poursuites contre le prédateur qu'est Weinstein. Si cette affaire n'est pas identique à celle de l'universitaire Avita Ronell, c'est qu'elle est beaucoup plus complexe qu'il n'y paraît au premier abord. Asia Argento se défend d'avoir eu des rapports sexuels avec le jeune acteur et musicien. Elle a ensuite déclaré que la somme versée (et non en totalité) l'était pour l'aider alors qu'il était dans une passe difficile et qu'il aurait attaqué en justice sa famille (?) demandant une somme astronomique profitant de son exposition médiatique à la suite de l'affaire Weinstein. Le compagnon d'Asia Argento, Anthony Bourdain, très susceptible sur sa réputation et craignant que, par ricochet, elle fût atteinte lui a demandé de payer. Comme toujours les informations dans la presse sont tronquées et l'ensemble de cette explication n'est pas passé. Le site américain TMZ révèle la photo d'un mot laissé par l'acteur dont voici la transcription : « Asia je t'aime de tout mon cœur. Tellement content qu'on se soit revus et que tu sois dans ma vie. Jimmy ». et ce qu'en dit par SMS Asia Argento : « Il m'a écrit cela après, et durant toutes ces années, il n'arrêtait pas de m'envoyer des photos nues que je n'avais pas demandé. Ça s'est arrêté il y a deux semaines, juste avant la lettre des avocats. Ce n'était pas un viol mais j'étais pétrifiée. Il était sur moi. Après, il m'a dit que j'étais son fantasme sexuel depuis qu'il avait 12 ans ». L'acteur, quant à lui, a déclaré que s'il était resté silencieux c'est parce qu'il avait honte et peur. Honte et peur des sentiments partagés par les femmes violées. Comme vous le voyez cette histoire n'est pas claire. Dans un pays où la négociation financière remplace la justice toutes les motivations sont possibles tant l'appât du gain que la financiarisation de la souffrance. C'est à la justice de traiter les crimes, les indemnisations financières ne sont qu'un complément. Sans justice il n'y a pas d'autres peines que d'argent pour le coupable (plaie d'argent n'est pas mortelle, dit-on). Et si tout reste secret, il n'y a pas non plus de peine médiatique, quoique cette dernière n'est pas une solution. Les FIDs vont se servir de l'affaire Argento pour hurler au complot, à la volonté d'étouffer le mouvement *#MeToo*, pour dire que tous les moyens sont bons pour déstabiliser les plaignantes et leurs adversaires acharnés pour démontrer l'hypocrisie et le peu de fiabilité des féministes.

L'affaire Avital Ronell est de nature similaire mettant en situation inversée femme et homme. Un étudiant l'accuse de harcèlement sexuel (entre autres) durant les trois ans où il était sous sa coupe. Après onze mois d'enquête elle a été mise à pied et suspendue pour l'année universitaire en cours car convaincue de harcèlement sexuel. Les deux différences majeures sont que pour cette féministe il y a eu onze mois d'enquête et qu'ensuite elle a reçu un soutien important d'autres universitaires dans une pétition rendue publique dont Judith Butler and Gayatri Spivak, figures connues. En voici un extrait, ébouriffant, : « bien que nous n'ayons pas eu accès au dossier, nous avons tous travaillé pendant de nombreuses années avec la professeure Ronnel et déplorons les dommages que cette procédure lui causent, nous visons à inscrire dans des termes clairs notre objection à tout jugement produit contre elle.

<u>Nous maintenons que les allégations prononcées à son égard ne constituent pas des preuves, mais soutiennent plutôt l'intention malveillante qui a soutenu ce cauchemar juridique.</u> Nous témoignons de la grâce, de l'esprit affûté, de l'engagement intellectuel de la professeure Ronnel et demandons que lui soit accordée la dignité qu'elle mérite pour quelqu'un de sa stature internationale et de sa réputation » La phrase soulignée par moi est symptomatique. Ce qui est refusé pour les hommes (preuve) l'est réclamée pour cette femme. Ajoutons ce commentaire dans *Libération* du 28 août 2018 de Robert Maggiori: « Il est vrai que dans l'Amérique de Trump, une théoricienne de gauche, politiquement incorrecte, lesbienne, féministe, militante de la révolution MeToo fait une parfaite « harceleuse » qu'on doit couvrir d'opprobre ». Elle ne serait donc pas accusée (et à la différence des autres dénoncés par les femmes, sans preuves, Avital Ronell a été mise à pied après 11 mois d'enquête), pour ce qu'elle aurait fait mais parce qu'elle serait militante. Cette défense, outre qu'elle ne tient pas, est structurellement malhonnête, inique. Sans doute son auteur doit-il se regarder dans la glace, tête droite et très fier de lui, le grand chevalier blanc défenseur de

la veuve et de l'orphelin (non ça c'est sexiste) de la martyr du féminisme, lui le, mâle torse bombé, devant la horde des hommes malfaisants, lui le pur.

Ces affaires révèlent aussi que le monde n'est pas tout blanc ou tout noir. Comme le dit dans un article d'opinion dans le New York Time Bari Weiss (sans doute sera-t-elle attaquée par la confrérie et on lui fera un procès en sorcellerie, en haute trahison, en femme soumise) : « Women are hypocrites. Women are opportunists. Women are liars.
They are abusers and bullies and manipulators. They are capable of cruelty, callousness and evil.
Just like men. »

*Les femmes sont hypocrites. Les femmes sont opportunistes. Les femmes sont menteuses. Elles abusent, intimident et sont manipulatrices. Elles sont capables de cruauté, d'insensibilité et de mal.*
*Exactement comme les hommes.*

Bienvenue dans le monde de l'humanité.

Elles démontrent aussi que les violences des FIDs ont ouvert une boîte de Pandore et que le juste combat contre les agresseurs a été dévoyé par un injuste combat contre les hommes dans leur totalité ou pour une majorité d'entre eux. Ceci nous montre que la violence de ce combat des femmes contre les hommes puis des hommes contre les femmes va monter d'un cran. Que les primaires anti-femmes, que les défenseurs de l'outrance sexuelle, vont se régaler de ces affaires et tirer au bazooka. Il faudra aussi remarquer, comme en argentique (sans mauvais jeu de mots), l'effet révélateur de ces faits. Dans les commentaires sous les articles relatant la transaction on découvre que certains qui considéraient comme iniques et insultantes les déclarations comme quoi une femme violée l'avait bien cherché, qu'elle pouvait en jouir, utilisent ces mêmes arguments contre le jeune homme : il en a profité, qui veut nous faire croire qu'il n'était pas consentant tenant pour acquis qu'une érection se commande et donc qu'il est impossible de violer un homme. On voit ici toute la limite des déclarations des femmes qui disent : je me sentais obligée, déclarations qui permettent ensuite de juger et condamner un homme pour agression sexuelle. Notez bien toute la subjectivité de la formulation et la forme passive : *elle se sentait*. En français cela veut aussi dire qu'il y a la possibilité que l'homme n'ait strictement rien imposé, ni même contraint moralement. Cela ne l'exclut pas, mais on voit la limite entre une interprétation du côté de la femme qui peut ruiner la vie d'un homme. Alors, donc, ce que l'on accorde à une femme (plier sous la contrainte morale), va-t-on le refuser à un homme ? Il n'y aurait donc aucune contrainte morale, aucun abus de position d'une femme envers un homme ? Dans l'histoire de l'actrice (si on accepte la version de l'agression sexuelle qui n'est en rien démontrée) le jeune homme la connaissait de longues dates. Il est parfaitement envisageable qu'il ait cédé sans pour autant avoir voulu de rapports sexuels avec elle pour ne pas déplaire à Asia Argento, parce qu'elle le dominait de son aura, à cause de leurs rapports. Il a pu l'accepter tout en le regrettant. Et petite explication de texte, un homme peut avoir une érection non voulue, juste par réflexe. Ca c'est tout simplement la nature (ah, petite explication dans l'explication. Oui l'homme est aussi un animal. Tout comme la femme. Une étude en Angleterre a mis en évidence les réactions physiques des hommes et des femmes regardant un film érotique. A la grande surprise des chercheurs, il n'y avait pas de grands écarts entre les réactions physique des hommes (érection entre autres avec accélération cardiaque et du rythme respiratoire) et des femmes (humidification du vagin entre autres avec aussi accélération cardiaque et du rythme respiratoire) à la vue des images érotiques. Un mythe s'est effondré. Les femmes et les hommes réagissent physiquement à des images érotiques. C'est un constat. La volonté n'a pas grand chose à y faire. L'imaginaire, l'amour peuvent en modifier l'intensité, la jouissance. Ceci n'entre pas dans le cadre des professionnels comme Rocco Siffredi, bien sûr.). Ensuite il a pu avoir un désir momentané qui l'a dégoûté par la suite. Une femme peut parfaitement violer un homme alors qu'il est non consentant dans son for intérieur. Cette histoire démontre aussi les limites que s'il est difficile pour une femme de témoigner et de porter plainte pour agression sexuelle, il l'est tout autant pour un homme. Si un femme se sent salie et à honte, un homme aura lui aussi honte, et qu'il lui sera extrêmement difficile d'en parler voyant comment il sera traité en regard de l'incrédulité des autres considérant qu'il est impossible qu'une femme agresse sexuellement un homme, et si d'aventure il est cru il recevra en punition l'opprobre d'avoir été faible, et le ridicule qui va avec.

Quant à la seconde affaire ce qui est hallucinant c'est la défense d'Avital Ronell utilisée par les féministes en reprenant tous les arguments qu'ils dénoncent avec virulence quand ils ont utilisés contre des femmes agressées :
- l'étudiant veut lui nuire
- l'étudiant n'est pas crédible
- il faut lui laisser la possibilité de défendre
- on ne peut détruire une vie par des accusations telles que celles-ci
etc.

Par ailleurs elle a voulu le décrédibiliser en demandant pourquoi il avait mis autant de temps à l'attaquer (tiens tiens, ne reconnaissez-vous pas là un argument contre les femmes violées ?) qu'il était misérable, qu'il n'était pas assez intelligent et que c'est par rancœur qu'il l'avait attaquée, et pourquoi était-il resté dans son cours si elle lui faisait tant de mal (tiens tiens etc.) ? Nous pourrions lui demander pourquoi elle le poursuivrait s'il était si minable, si peu intelligent etc.

En somme avec les *#MeToo* et *#balancetonporc* on peut sans procès, sans preuves, sans laisser la possibilité de se défendre à l'accusé (ce qui est pire quand il y a prescription car aucun procès ne pourra le blanchir), détruire la vie d'un homme alors qu'après onze mois d'enquête il serait totalement injuste de suspendre une universitaire ? Tout ce qui est réclamé au nom du droit de la défense des femmes violées est refusé aux hommes et tout ce qui est condamné avec véhémence car utilisé contre les femmes victimes de viol l'est contre les victimes des femmes par ceux-là mêmes qui se présentent en justiciers. Ce sont des tartuffes.

Ce que l'on remarque dans ces deux histoires c'est que le principal acteur dans les affaires d'agressions de ce genre, c'est que le principal agent est le pouvoir avec son corollaire la subordination et que ce n'est pas le sexe qui le détermine. Une femme de pouvoir peut profiter de son pouvoir, et ce, au détriment d'un homme. Ces deux exemples, sortis bien après l'écriture de la majeure partie de ce texte, prouvent son bienfondé et corroborent ses théories. Elles vont aussi polluer le débat et exacerber les rancœurs entre deux camps dont la détestation va aller en s'augmentant.

Ce livre n'a pas vocation a être universel et à traiter l'intégralité des aspects du sujet qui y est développé, mais il y a un point qui est plus général et le concerne. Vous avez remarqué que dès qu'il y a deux personnes il y a forcément des différences à tous niveaux (âge, sexe, culture, couleur de peau, position sociale) et que ces différences engendrent consciemment et inconsciemment des interrogations et des jugements, des comparatifs. Que certains disent qu'ils ne jugent pas, n'est qu'une position mais certainement pas la réalité. Ils veulent parfois confondre constat et jugement comme si l'un et l'autre pouvaient humainement être dissociés. On peut dire que le jugement est, sinon constitutif de la société, un de ses éléments profonds. Ce principe de base universel est totalement ignoré tant par les FIDs que les politiques et journalistes, ou même sociologues. Vous aurez remarqué que lorsqu'un homme, ou des hommes critiquent une ou des femmes cela est quasi universellement considéré comme du sexisme ou de la misogynie. En revanche quand une femme ou des femmes critiquent les hommes dans leur nature même, cela n'est jamais considéré (ou quasi jamais) comme de la misandrie ou du sexisme mais comme un simple constat. Les hommes sont brutaux, agressifs. C'est un constat. Cette asymétrie totale est assez effarante. Tous les discours actuels très violents contre les hommes ne sont jamais considérés comme du sexisme mais juste la constatation de la nature détestable des hommes. On peut parfaitement le comparer à une situation où deux hommes blancs s'invectivent l'un traitant l'autre d'abruti. Ce n'est qu'un combat de coqs. Si l'un d'entre eux est maghrébin, et que d'évidence c'est un abruti fini (l'homme blanc n'a pas l'apanage de la bêtise profonde à moins qu'il ne soit de nature inférieur), ce sera alors considéré comme du racisme même si cela n'a aucun trait, même minime, de racisme. Si c'est l'inverse jamais personne n'y verra du racisme. Ces asymétries sont déplorables, mais créent une sorte d'ambiance diffuse, injuste et aux conséquences néfastes. Ce qui échappe donc aux FIDs et autres journalistes, politiques et sociologues c'est que c'est dans la nature humaine de juger dès l'instant il y a une différence. Et les femmes jugent les hommes et sous toutes les coutures. Là où intervient la société - et parfois la justice - c'est lorsque cela devient un système sans base et que les conséquences de ces jugements deviennent dangereuses. La conscience et l'éducation permettent d'analyser ses propres jugements et d'en tirer des conséquences positives hors le fait quand ce jugement justifié démontre que l'autre est néfaste (vol, meurtre etc.). Une personne qui ne juge pas n'existe pas. En revanche ce qui existe ce sont des personnes conscientes qui en plus sont justes et pétries de bonté qui font que leur jugement et leurs conséquences ne sont pas au détriment de l'autre.

S'il est un des objectifs de ce livre c'est bien celui d'apaiser les rapports entre les femmes et les hommes en remettant en perspective les faits. L'espoir est aussi que les violences dans la sociétés soient le plus contraintes possibles, et donc celles contre les femmes aussi. Comme il est impossible d'éradiquer ces violences - bien que ce serait au plus haut point souhaitable -, dire le contraire n'est que démagogie, cela ne veut pas dire baisser les bras et cela veut dire, qu'à partir d'un bon diagnostic il faut opérer et mettre son énergie là où c'est efficace et non arroser au lance-flammes à tout va tout et n'importe quoi. Si ce livre pouvait rétablir un peu la réalité, et ouvrir les yeux sur la société telle qu'elle est non telle qu'elle est exposée par les FIDs et leurs complices objectifs ou inconscients, ce serait un grand pas en avant. Ce serait orgueilleux de croire que ce livre pourrait être - bien que ce soit un parallèle intéressant - comme ce conte connu dit du roi est nu. Pour rappel, deux escrocs se font passer pour des tailleurs exceptionnels et présentent au roi des tissus qui n'existent pas et réussissent à le convaincre qu'ils les voit. Ils font pour lui un magnifique costume invisible vendu à pris d'or, que même le grand chambellan et toute la cour trouvent si beau car, se disent-ils, si le roi le voit et nous non c'est que nous sommes d'incapables aveugles. Ils ne sont qu'aveuglés. Jusqu'au jour où le roi paradant dans la cité un enfant de ses yeux purs voit que le roi est nu et le dit. Regardez donc la société telle qu'elle est avec vos yeux et alors vous verrez que la violence aux femmes existent, que le viols existent, vous saurez aussi qu'il y a une violence masquée, inconnue, mais vous constaterez que la très grande majorité de ce que vos yeux, vos oreilles vous rapportent c'est qu'heureusement notre société n'est pas celle criée sur tous les toits, la société de la culture du viol, à un degré d'inégalité inouïe, et à la violence permanente où vous verriez dans les rues des hommes, la langue pendante, les yeux exorbités à courir le sexe à l'air après toutes formes un tant soit peu féminines. Imaginez une seconde et regardez autour de vous pour bien comprendre, ce qu'a déclaré Caroline de Haas qu'au moins un homme sur deux (un homme sur deux !) sinon sur trois est soit un violeur soit un violeur en puissance. Essayez de visualiser tous les hommes que vous connaissez et d'imaginer qu'au moins un tiers d'entre eux est un agresseur sexuel. Vous serez, si vous êtes honnêtes, horrifiés d'une telle affirmation que vous seriez bien incapables de confirmer, et vous constaterez que ce chiffre est d'une telle absurdité que ce serait risible si ce n'était néfaste.

Avant de conclure voici une réflexion de fond concernant justement les rapports entre femmes et hommes, et dans ces rapports ceux que l'on appelle sexuels. Les FIDs et leurs alliés gouvernementaux et journalistiques prennent le risque extrêmement grave de perturber durablement la société et de transformer ces rapports humains en une guerre dommageable pour tous. Entendons-nous bien. Il ne s'agit nullement de faire l'apologie du viol ou de recouvrir d'une chape de plomb les agressions sexuelles, et celles dans le couple, toute agression doit être condamnée et sans faiblesse. Par le contenu des lois, par le discours sans nuances, et faux, par des expressions toutes faites répétées inlassablement comme à chaque mot de travers montant sur leurs grands chevaux, tout devient abominable viol avec complaisance des spectateurs et des hommes (sauf bien sûr les immaculés et héroïques défenseurs des femmes, ces hommes-là FIDs outragés). Il y a une expression qui échappe totalement à certains et qui pourtant devrait être la norme, lui préférant ce fameux binôme : rapport sexuel, qui est : faire l'amour. Les raisons profondes de faire l'amour sont une combinaison variable d'instinct de perpétuation de l'espèce, le désir personnel et celui partagé, le plaisir personnel et celui partagé, le besoin et enfin l'expression de son amour. Ce qui est tout autant ignoré par les FIDs et les déclarations guerrières ambiantes c'est qu'a priori lorsque l'on est en couple c'est que l'on s'aime. De ce fait et des raisons profondes de vouloir faire l'amour implique que le consentement réciproque est tacite et implicite. C'est le refus qui doit être explicite. Et que l'on cesse de nous faire croire que les hommes forcent les femmes dans leur majorité. Combien sont les hommes qui ne vont pas plus loin quand leur femme ou compagne leur dit que ce n'est pas le moment ? Combien sont-ils à ne pas aller plus loin ? Une immense majorité. Oui les femmes savent dire non. Et elles le disent. Cette ambiance créée par ls FIDs, en moindre mesure par le gouvernement et la presse, tend à inverser totalement les raisons et les faits. Faire l'amour devient un acte sexuel, le non consentement un a priori, et ce acte qui est dicté par, entre autre, l'amour, et n'a aucune origine agressive, est présenté comme par définition une agression. Ce discours tend à prévenir toutes les femmes que, l'acte étant une agression (car c'est leur corps après tout), a priori l'homme est un agresseur. Faire l'amour, qui est aussi en partie du plaisir, devient par définition malfaisant, douloureux, agressif, ceci non dit franchement mais transparaissant en filigrane. C'est une inversion totale des valeurs. mais cela va beaucoup plus loin. Il n'y a plus de rapport avec réciprocité entre les deux personnes formant un couple, il y a l'instauration de la toute puissance de la femme. C'est elle qui choisit qui doit flirter, quand on doit avoir de rapports sexuels. Il n'y a plus d'échanges, de volonté de faire plaisir, d'être à deux. La simple volonté de l'homme, même en douceur, même peu fréquemment, n'a plus le droit de cité. Il y a le centre de tout et la périphérie. L'homme n'est plus, par définition, qu'un agresseur périphérique qui ne peut agir que sous la volonté de la femme. Il s'agit là d'une dénaturation totale des rapports humains et un grand danger pour l'avenir. Pour terminer avec cette préconclusion, il faut absolument revenir sur la « judiciarisation » des rapports seuls. Dans le cas où une personne en tue une autre (ce qui doit au moins être considéré comme aussi grave qu'un viol, surtout si la mort est précédée de violence), la justice considère quatre cas : la mort accidentelle, la mort sans intention de la donner, la mort avec intention, appelée meurtre et enfin la mort donnée avec intention et préméditation ce que l'on appelle un assassinat. Il y a donc une gradation et en plus il y aune terminologie précise : mort accidentelle, mort sans intention de la donner, meurtre et assassinat. Et en matière générale de justice il y a la notion extrêmement importante de l'intention. Le viol fait exception. Comme le déclare le psychiatre Bensussan, ce terme est inadapté dans nombre de circonstances car viol veut dire violence. Donc non seulement il n'y a pas de gradation dans cette notion judiciaire du viol mais en plus est totalement exclue la notion d'intention. Du reste les discours sont tautologiques : la justice sous la pression donne une définition du viol totalement absurde, et on s'en réfère pour attaquer toute parole ou toute pensée différente en répétant ceci est un viol comme le dit la loi. Circulez, il n'y a rien à voir. Nous sommes en droit de récuser ces définitions du viol, de demander un gradation et de tenir compte de l'intention. Tout comme pour la mort causée par une tierce personne. Ce problème est permanent. Un femme reçoit une claque d'un homme quelque peu déséquilibré (il sortait d'un hôpital psychiatrique) et on parle de harcèlement. Harcèlement pour un seul acte ! Et dans ces discours généraux vous remarquerez que viols et tentatives de viol sont toujours accolés dans les statistiques et que ne sont jamais retranchées les fausses déclarations. Les conséquences sont extrêmes notamment dans le cas où une femme seulement légèrement dégoûtée ou indifférente, n'aura aucune séquelle après un acte non consenti, pourra accuser l'homme de viol y compris si celui-ci est aveuglé et ne voit pas que sa femme ne l'aime plus, y compris donc s'il n'a jamais voulu la violer, qu'il a cru qu'elle était consentante. Imaginons ensuite un procès, l'opprobre, la condamnation, et une vie brisée. Petit message à certains : inutile de dire - comme c'est la technique habituelle - et les femmes violées, leur vie n'est pas brisée, peut-être (avec une voix haut perchée et un bon coup de menton et beaucoup d'agressivité) ? Si, et ce n'est pas le propos. Evitons les à propos de ceci je vous parle de cela, ou comme tous les politicards pris la main dans le pot de confiture dire : oui mais l'autre il a fait pire. Aux mêmes, évitez de penser, voilà le petit mâle qui râle car il a perdu son pouvoir dominateur. Ce n'est pas de cela qu'il s'agit. Il s'agit bien de rapport harmonieux entre deux personnes vivant en couple, couple qui va devenir par la diffusion massive de l'idée que finalement c'est la femme qui maîtrise tout et que l'homme est au départ un agresseur l'acte lui-même étant une agression du corps de la femme, une entité totalement sans plus aucune complicité. Enfin je n'ai pas vu beaucoup parler de la suite : quand une femme a accusé un homme de viol (par surprise par exemple) comment peut-elle vivre ensuite avec lui, un violeur ? Et comment cet homme peut-il vivre ensuite une seule seconde avec une femme qui l'a accusé de viol ? La définition large et lâche du viol est une hérésie en mettant dans le même sac un rapport non consenti mais doux et le viol d'une femme par un récidiviste sous la menace d'un couteau. Le premier cas peut se régler sans séquelles sauf s'il est déclaré viol il y aura alors des dommages dans le couple, dommages qui auraient pu être évités et le problème réglé par une discussion, ne pouvant plus l'être facilement après une accusation violente de viol, le second nécessite, lui, une justice intraitable.

La conclusion que l'on peut apporter à cette réflexion est qu'Internet est un danger par sa propension à juger, que les *#MeeToo* et autres *#balancetontporc* ne sont pas des solutions, qu'ils ont en leur sein le germe de catastrophes, que cela ne correspond en rien à de la justice, juste de la vengeance et parfois de la délation pure, que les FIDs tissent une toile dans la presse et au sein de la société pour étouffer toute pensée autre, imposent une vue déformée et dangereuse tant de la société que des hommes, des rapports femmes/hommes, que leur action brutale, aveuglée est néfaste à la société même et qu'il est nécessaire de réagir sans abandonner le juste combat contre les inégalités et les agressions subies par les femmes, ce qui n'est possible qu'en donnant toute leur importance, mais rien que leur importance et pas plus, en posant le bon diagnostic et en cherchant la collaboration entre femmes et hommes.

Les trois dangers qui risquent de miner le fragile équilibre qui s'est peu à peu créé avec la diminution drastique

des inégalités, sont, sans ordre ni d'importance ni de priorité :
les FIDs sujet principal de ce livre, la pornographie qui se
déverse par Internet et qui touche les plus jeunes cantonnent
le plus souvent la femme à un rôle d'objet manipulé et l'acte
sexuel à une performance sans sentiment et enfin l'expansion
de la Charia dont on sait que la place de la femme y est
catastrophique. Ces trois phénomènes risquent, pour l'avenir
immédiat, de faire un grand mal aux femmes.

Un mot pour terminer : la femme est supérieure à
l'homme en ce qu'elle donne la vie.

www.ingramcontent.com/pod-product-compliance
Lightning Source LLC
Chambersburg PA
CBHW031309250726
48656CB00005B/1706